江西省哲学社会科学重点研究基地项目《数字金融对发展江西省□
制与对策研究》（23ZXSKJD43）；江西省高校人文社会科学研究
江西省高质量发展的效应及对策研究》（JJ20117）；2023 年国家
际金融主导权重构中的大国博弈困境与破解方案研究"（23BGJ0□

新　质

生产力

重塑金融和经济的未来

张宇　李静◎著

中国出版集团
研究出版社

图书在版编目 (CIP) 数据

新质生产力：重塑金融和经济的未来 / 张宇, 李静
著. -- 北京：研究出版社，2024.6（2025.7重印）

ISBN 978-7-5199-1690-9

Ⅰ.①新… Ⅱ.①张… ②李… Ⅲ.①数字技术 – 应
用 – 金融业 – 研究 – 中国②生产力 – 发展 – 研究 – 中国

Ⅳ.①F832-39②F120.2

中国国家版本馆CIP数据核字(2024)第111624号

出 品 人：陈建军
出版统筹：丁 波
责任编辑：寇颖丹

新质生产力
XINZHI SHENGCHANLI
重塑金融和经济的未来

张 宇 李 静 著

研究出版社 出版发行

（100006　北京市东城区灯市口大街100号华腾商务楼）

北京建宏印刷有限公司印刷　新华书店经销

2024年6月第1版　2025年7月第2次印刷

开本：710毫米×1000毫米　1/16　印张：12.75

字数：155千字

ISBN 978-7-5199-1690-9　定价：68.00元

电话（010）64217619　64217652（发行部）

序 言

2023年中央金融工作会议首次提出金融强国概念，指出要大力促进金融创新、加强金融有效监管和提升金融教育科研水平。金融在我国重要性不断上升，其深层原因在于实体企业的数字化转型必然以金融产业数字化为先导。本书聚焦金融的热门与前沿话题，从数字金融和开放性金融的崛起、行为金融对传统金融的挑战，到"人工智能+"金融的发展等多个维度，深入剖析未来金融学的发展路径。

建设金融强国不仅要求金融体系的规模和功能达到国际领先水平，还要求金融安全得到充分保障、金融资源配置效率大幅提升，以及金融服务的普惠性和可持续性得到显著改善。为实现这一目标，我国正努力推进金融市场的改革与开放，加强金融监管体系建设，促进金融科技的发展与应用，并积极参与全球金融治理。这些努力有助于提升我国金融业的国际竞争力和影响力，为构建现代化经济体系作出积极贡献。我们认为，现代金融学的发展主要围绕以下几点展开：

其一，我国金融业的发展离不开改革开放的成果。自改革开放以来，中国的经济学理论和实践都有了显著的进步，金融学作为其中的一个重要分支，其理论和实际应用都得到了极大的丰富和发展。中国特有的金融实践为金融学的创新发展提供了源泉，这些实践包括金融市场的开放、金融监管的完善以及金融产品的创新等。

其二，现代金融学在资产定价领域取得了重要进展，这些理论和方法的发展极大地影响了投资决策和风险管理的实践。最新的研究聚焦于将行为金融学与传统资产定价模型相结合，以更准确地描述投资者的实际决策过程和市场动态。有的学者提出了结合前景理论和传统期望效用理论的资产定价模型，该模型能够解释市场中的一些异常现象，如波动率微笑和股权溢价之谜。有的学者则关注情绪因素对资产价格的影响，通过构建一个包含投资者情绪的资产定价模型，揭示情绪波动对市场价格波动的影响机制。这些研究不仅丰富了人们对资产价格形成机制的理解，也为我国的投资实践提供了更为科学的指导。

其三，现代金融学深入研究了公司金融与金融市场之间的关系，以及它们如何影响经济高质量增长，这些研究可以帮助企业更好地理解资本市场，优化融资结构和提高企业的核心价值。

其四，现代金融学在金融科技（FinTech）方面的研究成果丰富。随着科技的发展，金融科技已经成为金融学发展的一个新兴领域。区块链、人工智能、大数据等技术的应用正在改变传统金融服务的方式，提高了金融服务的效率和可及性。

其五，现代金融业还十分关注绿色金融与社会责任。随着可持续金融理论与实践的发展，我国金融机构也在不断加大对制造业、科技创新、小微企业、乡村振兴、绿色发展等领域的支持力度，这些都促进了金融资源向重点领域和薄弱环节的倾斜。同时，我国金融机构也越来越重视社会责任和可持续发展，这些都推动了绿色金融和社会责任投资的发展。

综上所述，现代金融的发展已经不再局限于理论研究，还包括了实践应用和技术创新。要创新中国金融学发展，就需要以开放性的视野和跨学科的角度来研究，本书试图在这方面作出自己的贡献。

一、本书的结构

本书的结构分为两个部分。第一部分包括第一章到第三章，从对最新的新质生产力理论的阐述开始，探讨数字化时代的金融与新质生产力相互作用的关系，提出金融是支撑新质生产力发展的关键因素，并对数字化金融、开放性金融和"人工智能+"金融以及未来可能的金融新形态——元宇宙金融等展开了深入的探讨。在数字金融与经济增长专题有两篇文章，主题分别是：以区域金融发展作为中介变量，分析数字金融对我国开放型经济的增长效应；以我国内陆开放型省份江西省为例，分析数字金融对高质量发展的效应及对策。第二部分包括第四章到第七章，以金融史的回顾为开端，介绍在数字经济时代下传统金融所面临的严峻挑战，以及行为金融和金融心理学在创新金融理论与投资实践上的探索与突破。本书涵盖了传统金融理论和新金融形态的发展，对于全面理解金融对实体经济的作用机制、资本市场的价格规律均有一定的裨益。

二、特色与创新

本书的特色与创新主要体现在以下几个方面：

第一，对数字化金融与新质生产力衔接的理论机制进行了初步的探讨。

第二，总结了数字化金融的全球发展趋势，并分析数字化金融对我国开放型经济的增长效应与中介效应，对于如何充分利用数字金融支持内陆开放型经济省份高质量发展提出了对策建议。

第三，梳理了现代行为金融和金融心理学对传统金融的冲击与挑战。

第四，反思人工智能对金融市场的作用。

作者由衷地希望本书所讨论的内容对于关心数字化金融等新金融形态、新质生产力发展和资本市场实践的读者，有所启迪和裨益。

目录

I

金融是支撑新质生产力的关键因素

第一节　新质生产力与金融强国的提出

2023年9月，习近平总书记在黑龙江省考察时首次提出新质生产力的概念，指出要积极培育新能源、新材料、先进制造、电子信息等战略性新兴产业，积极培育未来产业，加快形成新质生产力，增强发展新动能。何为新质生产？概括地说，新质生产力就是创新起主导作用，摆脱传统经济增长方式、生产力发展路径，具有高科技、高效能、高质量特征，符合新发展理念的先进生产力质态。它由技术革命性突破、生产要素创新性配置、产业深度转型升级而催生，以劳动者、劳动资料、劳动对象及其优化组合的跃升为基本内涵，以全要素生产率大幅提升为核心标志，特点是创新，关键在质优，本质是先进生产力。

2023年10月召开的中央金融工作会议，首次提出了"加快建设金融强国"的目标。何为金融强国？习近平总书记强调，金融强国应当基于强大的经济基础，具有领先世界的经济实力、科技实力和综合国力，同时具备一系列关键核心金融要素，即拥有强大的货币、强大的中央银行、强大的金融机构、强大的国际金融中心、强大的金融监管、强大的金融人才队伍。中央金融工作会议指出，高质量发展是全面建设社会主义现代化国家的首要任务，金融要为经济社会发展提供高质量服务。要做好科技金融、绿色金融、普惠金融、养老金融、数字金融五篇大文章。

2023年12月召开的中央经济工作会议提出要"以科技创新推动产业创新，特别是以颠覆性技术和前沿技术催生新产业、新模式、新动能，发展新质生产力"①。2024年1月，中共中央政治局就扎实推进高质量发展进行了第十一次集体学习，明确发展新质生产力是推动高质量发展的内在要求和重要着力点，全面系统阐释了新质生产力的重要概念和基本内涵，并就如何发展新质生产力明确了方向和思路。②

建设金融强国与发展新质生产力二者之间的关系是相辅相成、相互促进的。高质量发展是我国全面建设社会主义现代化国家的首要任务，而发展新质生产力是推动高质量发展的内在要求和重要着力点，必须继续做好创新这篇大文章，推动新质生产力加快发展。金融要为经济社会发展提供高质量服务，就意味着要"优化资金供给结构，把更多金融资源用于促进科技创新、先进制造、绿色发展和中小微企业，大力支持实施创新驱动发展战略、区域协调发展战略"，发挥支持实体经济的作用。

第二节　新质生产力与金融紧密相关

金融强国是指在国际金融体系中具有较强竞争力、影响力和抗系统性风险能力的国家，而新质生产力是指以科技创新为核心的新兴产业和新业态。金融是现代经济的核心，其重要作用是为实体经济提供资金支持。金融机构可以通过优化金融资源配置，引导资金流向新质生产力领域，为新兴产业和新业态提供有力的金融支持。这包括创新金融产品和服务，满足

---

① 《中央经济工作会议在北京举行》，《人民日报》2023年12月13日，第1版。
② 《习近平在中共中央政治局第十一次集体学习时强调　加快发展新质生产力　扎实推进高质量发展》，《人民日报》2024年2月2日，第1版。

新质生产力发展的多样化融资需求，降低企业融资成本，提高金融服务效率等。从实践中看，金融在支持新质生产力发展方面发挥着至关重要的作用，而两者之间的关系是相辅相成、相互促进的。

金融与绿色生产力的融合推动了"绿色金融"的发展。作为新质生产力的重要构成部分的绿色生产力，离不开金融的大力支持。习近平总书记指出，绿色发展是高质量发展的底色，新质生产力本身就是绿色生产力。必须加快发展方式绿色转型，助力碳达峰碳中和。牢固树立和践行绿水青山就是金山银山的理念，坚定不移走生态优先、绿色发展之路。加快绿色科技创新和先进绿色技术推广应用，做强绿色制造业，发展绿色服务业，壮大绿色能源产业，发展绿色低碳产业和供应链，构建绿色低碳循环经济体系。持续优化支持绿色低碳发展的经济政策工具箱，发挥绿色金融的牵引作用。我国在发展绿色金融方面成绩斐然，根据《中国绿色金融发展研究报告2023》，我国绿色投融资资金总量达到了约53157.77亿元。这表明绿色金融正在为新产业的发展提供大规模的融资支持。绿色金融的发展不仅有助于推动环保和可持续发展，还为新质生产力的成长创造了条件。

金融与科技的融合推动了"科技金融"的发展。2023年中央经济工作会议指出，科技创新是推动产业创新的关键，尤其是颠覆性技术和前沿技术能够催生新产业和新模式。金融部门通过科技金融和数字金融的支持，可以促进科技创新，实现高水平的科技自立自强，助力发展新质生产力。金融机构通过与科技部门的协同联动，形成"科技—产业—金融"共生共塑的生态，是金融行业发展新质生产力、实现高质量发展、推动中国式现代化的重要着力点。随着新质生产力的发展，尤其是信息技术和大数据技术的进步，金融科技在金融服务中的应用越来越广泛。例如，区块链技术在提高支付系统效率、降低交易成本等方面展现出巨大潜力。智能合约、加密货币等新兴金融科技产品正在改变传统金融交易的方式。以"人工智能+"为代表的新质生产力对传统金融业产生了深远影响，它通过人工智能+银行催生了"智慧银行"，通过人工智能+投资产生了"智能投资"，通过人工智能+监管推动了监管科技的发展，延伸了金融服务的边界，满足了更多小微企业和个人用户的金融需求。

同时，金融通过科技创投、创业孵化、技术授权贷款等手段，为科技型企业提供资金支持和风险投资，推动创新项目的孵化和成长，助力新质生产力发展。数字产业的创新需要大量的科技研发投入和风险资本支持，传统的银行贷款模式难以承担科技企业的巨大风险，而新的金融形态如科技金融、数字金融可以通过提供知识产权质押融资、技术转让、技术创新保险等服务，为科技创新提供全方位的金融支持和风险保障，为新质生产力的发展提供更加稳定和持续的动力。因此，金融是支撑新质生产力的关键因素。

第三节　数字化金融与新质生产力衔接的理论机制

新质生产力的核心是科技创新，它伴随着大规模和全方位的技术进步。同时，新质生产力的发展也会带来生产关系的变革，促进包括金融资源在内的先进优质生产要素向新质生产力领域流动。进入21世纪，在第四次技术革命中，5G、物联网创造了万物互联的全新世界，全面改变社会生产要素和生产关系，数据逐渐成为关键的生产要素。以数字经济发展为代表，人类社会也正在进入以数字化生产力为主要标志的新阶段。历史经验证明，只有抓住技术革命的机会，构建更加健全的具有高度适应性、竞争力、普惠性的现代金融体系，才能更加有效地支持实体经济的发展。数字化金融将过去有形的和无形的交易、支付、清算和信用数据信息进行数字化、标准化，改变了传统金融的运营模式，成为未来数字社会不可或缺的经济体系基石。

数字化金融与新质生产力的高科技特征一致，数字金融与新质生产力的有机衔接将有力地推动新质生产力的发展。数字金融本身就是摆脱传统银行业务模式、解放金融生产力的业务模式，通过大数据和人工智能等技术手段，解决了传统金融存在的信息不对称难题，使得许多中小企业和初创企业也能获得足够的融资支持。在数字金融模式下，产业链上中下游所有企业均可平等地获得金融服务，为系统性解决中小企业融资难、融资贵这一世界难题提供了解决方案（黄奇帆等，2022）。可见，数字化金融本身就是科技创新的体现，属于一种新产业、新模式、新动能，因而也是发展新质生产力的核心要素。因此，两者的目标是非常一致的，数字金融与新质生产力的有机衔接将有力地推动新质生产力的发展。

数字化金融与新质生产力的高效能特征一致，数字金融与新质生产力的有机衔接将有力地提升新质生产力的水平。目前，世界的主要金融形态包括现金、电子支付系统和金融机构等。现金是最基本的支付方式，它指的是纸币和硬币，用于直接交易和存储价值。电子支付系统是指通过电子设备和互联网进行的支付方式，如信用卡、借记卡、电子钱包和移动支付等。金融机构包括银行、保险公司、证券交易所和投资基金等，它们提供存款、贷款、保险和投资等金融服务。这些金融形态相互作用和共同发展，构成了现代金融体系，并成为经济运行的核心。信息技术的进步促使现代金融体系先后经历了20世纪60年代以自动取款机为代表的电子化、以21世纪初的网上银行为代表的互联网化，和目前以"人工智能+"、大数据风控、区块链协作为代表的数字金融的发展路径。数字金融正是以数字技术赋能化的金融体系，促进生产要素的创新性配置，催生产业深度转型升级，从而推动以全要素生产率大幅提升为核心标志的新质生产力的发展。

数字化金融与新质生产力的高质量特征一致，数字金融与新质生产力的有机衔接将有力地提升新质生产力的前进动能。2023年中央金融工作会议明确指出"做好科技金融、绿色金融、普惠金融、养老金融、数字金融五篇大文章"，在数字经济时代，新质生产力是以技术创新为主导的生产力。同样，数字金融的发展也是由新技术推动的，如人工智能、大数据、区块链等，这些技术的应用使得金融服务更加智能化、个性化和便捷化。数据作为关键要素已经成为金融行业最重要的生产要素，同时也是数字金融创新的"生产资料"。金融机构利用大数据分析提供更精准的服务，帮助企业和个人做出更好的财务决策。数字金融的发展不仅仅是为了金融自身的创新，更重要的是要服务于实体经济。这与新质生产力的目标相契合，即通过科技创新推动产业升级和经济结构的优化。

综上所述，数字化金融与新质生产力的高科技、高效能、高质量特征一致，体现了当前经济发展的新趋势，即以科技创新为核心，推动经济向更高效、更安全、更普惠的方向发展，因此，数字化金融与新质生产力的有机衔接将有力地推动新质生产力的发展。

第四节　更好发挥新兴产业创新的
"集聚效应"

中央经济工作会议提出"以科技创新引领现代化产业体系建设",明确释放出发展新兴产业、以科技引领产业创新的政策信号。

步入数字时代,发展新兴产业的重要性不言而喻。新兴产业经常以颠覆性技术来实现生产力的突破,推动高质量发展,是新质生产力的重要载体。数字时代的产业链分解与重塑速度远快于传统经济时代;产业发展的成功也越来越依赖于运用计算机算法建立起来的信息优势。人才与创新是制造业发展的灵魂,也是产业转型升级的不竭动力。唯有以科技创新推动产业创新,以产业升级构筑竞争优势,企业才能赢得未来发展的主动权。

众所周知,数字媒体和信息技术的发展让远程工作成为可能,3D打印、工业机器人和智能化装备可以支持生产地点的不断变化。但是也要看到,即使远程工作在技术上变得更加容易,高科技企业员工仍然倾向于通过他们熟悉的社会网络或社会关系来聚集或定位工作地点。于是,现代产业体系的发展催生了一种限于特定区域的创新集聚区,一些国家的特定地区由此聚集了众多顶尖科技公司。这些企业通过人才流动、技术共享和合作创新,不断引领世界科技行业的发展。例如我国电子信息产业集聚区深圳市,以其完整的产业链、强大的供应链和高效的协同合作体系而著称。这种效应也被称作产业创新的"集聚效应"。

产业创新的"集聚效应"对推动新质生产力的发展具有不可忽视的作

用。新质生产力有别于传统生产力，涉及领域新、技术含量高，依靠创新驱动是其中关键。而开放创新的"集聚效应"为促进新质生产力发展提供了有力支撑。现代产业体系建设依靠复杂分工和协同合作，以实现技术创新和提高生产效率。当相近或相关产业的企业员工聚集在一起时，他们可以共享资源、技术和经验，从而加速企业的创新创造过程，实现高效能高质量发展。

数据显示，2022年，我国45个国家先进制造业集群总产值突破20万亿元，并已建设18家国家制造业创新中心，占全部国家级创新中心数量的70%，培育创建了170多家单项冠军企业和2200多家专精特新"小巨人"企业，成为区域经济发展的关键引擎和促进经济高质量发展的重要平台。

实践证明，产业创新集聚区将产生虹吸效应，助推外部经济发展。虹吸效应可以加速产业链上下游的凝聚和畅通，并不断完善整个产业生态系统。产业的区域集聚能够吸引更多的人才和资源，进一步提升新质生产力。当一个地区已经形成特色产业聚集地时，其头部企业的入驻、成熟的配套环境和尖端科研机构的号召力能够吸引更多的专业人才、市场供应商和服务提供商的加入。这无疑为地区的经济发展创造了有利的外部经济环境，激发消费潜能，扩大有效投资，进一步提高产业集聚地的创新能力和竞争力。

产业创新集聚区将实现更大的创新效应和"乘数"效应。相关联产业的企业聚集在一起，形成思想交流、技术交流和人才流动等积极因素，在开放交流的环境下更有利于专业人才队伍的流动和壮大，形成支撑新质生产力发展的人力基础。一些传统企业经过信息化改造后，产品和服务的覆盖面更广，客户渗透度更高，可以直达传统产业无法触及的长尾用户。产业创新集聚形成了新的生产要素和数字要素，为提高全要素生产率发挥了积极作用。

　　充分发挥区域产业创新的"集聚效应"，对现代产业体系的发展和新质生产力的提升有着积极的作用。当下，各地区纷纷闻风而动打造符合自身特色的产业集群，引导人才、技术等要素向产业集群聚集。安徽聚焦新能源汽车领域，强化创新引领，优化产业布局，提升关键核心技术，构建具有国际竞争力的新能源汽车产业集群。浙江加快培育更多根植省内、面向省外、走向全球的一流"链主型"企业，探索推进优质企业梯度培育体系改革，助力打造世界级先进制造业集群。江西加快构建体现江西特色和优势的现代化产业体系，已形成电子信息、新能源汽车、智能终端及物联网和新能源新材料四大优势产业集群。

　　"集聚效应"促进了创新、协同合作和资源共享，为新质生产力的形成和发展创造了良好的基础和环境。在推动建设现代产业体系的过程中，应当积极鼓励各地发展各具行业特色的创新集聚区，建立产业链上下游企业共同体，推动人才链与产业链、创新链的深度融合，促进经济的持续增长和新质生产力的不断提升。[1]

---

[1]　本节内容发表于《光明日报》，2024年2月22日，第15版。

第二章

数字化金融新形态

第一节　数字化金融全球发展趋势

数字金融的特征主要可以概括为以下三方面：

第一，数字金融是一种高度适应性的金融服务模式。它体现在从事数字金融服务的科技公司或金融机构，能够借助数字技术提供投融资和其他金融服务，在金融产品与目标消费群之间建立直接的联系。数字金融的高度适应性表现在其突破了传统金融服务的时空限制；覆盖面更广，对客户的渗透率更高，可以直达小微企业、边远地区等"长尾"用户；数字金融产生的海量数据形成了一种新的生产要素，对提高全社会资源配置效率发挥了乘数效应。

第二，数字金融是一种普惠高效的金融服务模式，具有包容性发展和共同富裕的性质。学者研究发现，数字金融的发展有助于缩小城乡收入差距，显著提升了家庭收入，尤其是对农村低收入群体而言（宋晓玲，2017；张勋等，2019）。

第三，数字金融还具有催生新模式、新业态的溢出效应。在当今金融科技迅猛发展的时代背景下，数字技术和现代金融业出现的深度融合，将对重塑传统产业的竞争优势和催生新模式、新业态发挥积极正向的溢出效应。

为了更好地分析数字金融的发展，我们首先大胆地对金融科技在全球的发展趋势进行了全面的探讨。我们认为，金融科技的发展和数字社会的出现，是近现代以来最具影响力的事件之一，数字金融将过去有形的和无形的交易、支付、清算和信用数据信息进行数字化、标准化，改变了传统金融的运营模式，成为未来数字社会不可或缺的经济体系构建的基石。如下，我们分别从理论创新、科技监管、金融数字基础设施、数字货币等方面，探讨数字金融在全球的未来发展趋势。

一、传统经济理论或将面临颠覆

随着数字金融的发展，传统经济学部分理论可能被颠覆。如传统经济理论认为国际货币的前提实现职能是成为全球价值尺度和储藏工具，以及用于支付和交换。而数字金融的发展已经突破了其中的界限。具有全球贸易重要地位的大国有可能通过建立大型数字交易网络，以数字法币的交易为载体，实现对现有全球领导货币的有力挑战，甚至成为未来主要世界储备货币。

经济学家陈东琪认为，知识、学习、时间、安全、扁平、智能、去中心、平台架构、时间戳，将成为新现代经济学（1776—2016年的经济学可统称为古典经济学）的核心构建和关键词，它代表工业革命——大约经历了两个半世纪——之后，21世纪经济学发展的新方向、新主流；万物互联+区块链，使亚当·斯密的物质财富论和凯恩斯的有效需求不足原理显得越来越失败。

金融科技和数字社会的发展为经济理论的创新打开了边界，也为我国经济学者突破西方主导的经济学理论传统、构建具有中国特色新的经济理论范式提供了极佳的机遇。

二、全球金融监管科技重要性提高

美国金融稳定监督委员会（FSOC）已经明确把信息技术作为金融的主要风险之一，且十分注重金融业信息技术的监管与保护。金融监管科技是在后金融危机和数字技术革新的背景下，顺应监管机构和被监管机构的需求，以人工智能、机器学习、区块链、生物识别等新兴技术为手段，以降低合规成本、提高监管效率、维护金融稳定与安全为目标而产生的一种新的监管范式（谢平，2019）。当前，全球新一轮科技革命和产业变革蓬勃发展，金融供给侧结构性改革深入推进，金融创新与技术变革融合演进，金融数字化转型已成为行业发展的大势所趋。

科技是中性的，本身没有好坏之分，应用得当，能给金融发展注入新的动力；应用不当，也可能引发新的风险。然而，为应对金融科技背景下机构综合经营、业务多层嵌套、风险交叉传导给金融稳定和金融市场带来的冲击，部分国家采取"一刀切"的严加监管措施，在主观或客观上也会导致市场主体科技创新能力受到束缚、活力难以释放，从而在未来的全球金融科技竞争中落败。

未来，随着金融科技的发展，有着强大金融数字基础设施支持的国家，凭借网络运行的时空扩展特性，将可能逐步渗透全球经济，筑就本国数字货币和国际贸易的优势地位。这就将各国的数字金融以及相应的监管科技与防火墙的重要性提高到了新的历史高度。未来，金融监管科技落后的国家，将在随时随处无所遁形的金融科技信息流中，面临着可能比过去东南亚金融海啸或美国"次贷"危机的全球危机传染更加复杂的局面。

三、立足国家安全开发金融数字基础设施

近年来，我国密集出台支持自主发展金融科技的政策。2022年1月，中国人民银行印发了《金融科技发展规划（2022—2025年）》（下称《规划》），勾画出我国未来金融业数字化转型的发展蓝图，它对于构建适应现代经济发展的数字金融新格局，不断提高金融服务实体经济的能力和水平，有效防范化解金融风险，具有十分重要的意义。《规划》明确了金融机构数字化转型中企业管理者的责任，强调监管部门与金融机构的数据能力建设，并首次提到绿色能源的节能和高效利用，以及聚焦金融科技应用的一系列前沿问题，极具现实指导意义。

《规划》不仅总结了最新科技在监管科技领域的全方位应用，如将监管规则变成可编程的计算机语言，运用自然语言处理、模式识别等技术对监管规则、合规要求进行机构化处理，从关键操作流程、量化数据、禁止条款等方面精准提取分析指标、建立数字化规则库，以数字化协议形式将合规要求封装成模块化、可扩展的接口工具，打造合规机器人等专业化产品，还专门提到开展前沿技术研究，在关键技术自主可控的前提下打造新型数字基础设施，培育适合我国发展的金融数字生态。

同期中国银保监会发布《关于银行业保险业数字化转型的指导意见》，提到密切持续关注金融领域新技术发展和应用情况，提升快速安全应用新技术的能力。鼓励有条件的银行保险机构组织专门力量，开展前沿技术研究，探索技术成果转化路径，培育金融数字技术生态。最后也提到，坚持关键技术自主可控原则，对业务经营发展有重大影响的关键平台、关键组件以及关键信息基础设施要形成自主研发能力，以降低外部依

赖。这些文件为我国立足国家安全开发新型金融数字基础设施提供了指导性意见。

四、数字货币是数字金融发展的基础

数字货币是数字经济体系构建的基石，影响范围将不仅涉及国内经济金融领域，还将扩展至国际贸易结算、货币体系乃至全球金融治理，对其产生深远的影响。货币形态的演变已经经历了从商品货币、贵金属货币、纸币、电子货币到加密数字货币的阶段。加密数字货币一般采取分布式账本技术、共识算法和密钥验证、点对点通信技术等方式，突破了传统银行记账方式、中心化清算体系，可附加智能合约。

近年来，数字法币受到英美等国的重视，2015年英国央行最早提出数字法币的概念，并启动研究项目；2017年加拿大、欧洲、日本央行开始进行各国数字法币的研究和实验；2018年3月，国际清算银行（BIS）发布《央行数字货币》报告，提出零售数字法币和批发数字法币的概念；2018年11月，英国、加拿大和新加坡央行联合发布跨境支付报告，详细讨论了央行数字货币（CBDC）在改善跨境支付和结算方面的潜力和优势。2020年著名战略咨询机构麦肯锡也在一份报告中称：在以区块链技术为基础的全球数字法币竞争中，英国央行应立即采取行动保持自己的市场地位，并抓住时机制定行业标准。

美国在国际货币的使用上具有先发优势，其拥有全球SWIFT等货币交换系统，对数字货币这种新型货币形态的态度相对踌躇，既担心它对美元特权形成挑战，又不能无视其迅速的发展。2018年7月，IBM发行稳定币，美国政府支持IBM在实现数字美元项目上的实验；2019年6月，美国大型社

交平台公司脸书发布《Libra数字货币白皮书》（以下简称《白皮书》），
这是一种以全球主要货币包括美元、欧元为价值担保的"稳定币"，其有
别于早期的逃避监管的私人加密货币，在实施监管上取得了技术路线的进
步。《白皮书》的发布被认为意在数字货币领域延续美元霸权。一位欧洲
央行执行委员会成员表示："Libra币可能削弱欧洲央行对欧元的控制，影
响欧元区银行的流动性状况。"

综观以上，各国已经开启了数字法币的竞争，较早进行数字法币实验
的国家将可能找到最佳的技术路径和模型，率先构建金融基础设施用于数
字法币交易，并树立起全球行业标准。预计将来在数字法币上思维落后，
或缺乏技术和资本而无力承担大型金融基础设施建设的国家，将可能被主
流数字法币发行国收取新的形式的"铸币税"。

第二节　开放金融的国际实践

一、开放金融的定义与特征

开放金融是随着金融科技的迅猛发展而产生的一个金融形态和范畴。
所谓开放金融（英文Opening Finance，缩写为OpFi），是指通过开放技术
和数据标准，促进金融机构之间的合作和创新，以提供更多的金融产品和
服务。它通过开放银行和第三方支付服务提供商（TPP）的合作，使消费
者能够更方便地访问和管理自己的财务信息，同时为企业提供更多的商机
和合作可能性。开放金融的目标是提高金融系统的效率和透明度，促进金

融包容和创新。现有文献中对开放性金融的研究大多是从业者白皮书，而不是学术论文，例如Equinix（2020）认为，开放金融可以导致整个银行流程的转变，并可以引领整个数字生态系统的开放协作时代，也可以促使企业之间对私人数据交换的需求增加。Khan和Eroglu（2020）认为开放性金融可以消除金融数据碎片问题，允许企业在一个共同的框架共享和使用客户数据，这将导致增加新的竞争对手和鼓励创新。

开放金融具有以下四个特征：第一，系统高度集成。通过集成登记、结算、支付、交收等金融活动链，开放性金融实现了业务的统一无缝连接。这种集成性不仅简化了业务流程，还提高了金融活动的处理速度和效率。第二，业务连接全球化。开放性金融支持全球化跨链交割，使得金融活动不再受地域限制。数千种资产可以7×24小时无缝交易，这极大地促进了全球金融市场的互联互通，提升了跨境金融活动的便捷性。第三，生态开放包容。开放性金融包容了货币、证券、另类资产等各类金融资产，形成了一个开放包容的金融生态。这种生态有助于各类金融资产在统一的市场上进行交易，提升了市场的流动性和效率。第四，分布式合作与数据可信度高。开放性金融利用区块链技术加强不同中心之间的分布式合作，提高了数据的可信度和透明度。这有助于降低交易成本，增强金融业务的稳健性和可持续性。

二、开放金融的各国实践

金融科技的快速发展为开放金融提供了技术支持。例如，区块链技术可以实现金融服务的去中心化和互操作性；人工智能和大数据技术可以提高金融服务的智能化水平。越来越多的金融机构开始参与开放金融业务。

一方面，传统金融机构通过开放应用程序编程接口（API）等方式，与金融科技公司合作，拓展业务领域；另一方面，金融科技公司通过提供创新的金融服务，与传统金融机构竞争。在开放金融实践方面，各国都有众多创新案例。

1. Stripe Connect

Stripe是一家美国的支付技术公司，其推出的Stripe Connect服务允许开发者在其平台上集成支付功能，并为商家提供全球范围内的支付解决方案。这种开放性的模式使得Stripe能够与各种规模的商家合作，推动了支付行业的创新。

2. 花旗银行（Citibank）的跨境支付创新

花旗银行在跨境支付领域进行了多项创新。通过利用区块链技术和开放API，花旗银行简化了跨境支付流程，提高了支付效率。同时，花旗银行还与多家国际银行合作，共同推动全球支付网络的互联互通，为客户提供了更加便捷、安全的跨境支付服务。

3. 开放银行（Open Banking）

英国率先推出了开放银行计划，该计划要求银行在金融服务消费者授权的前提下向第三方开发者开放API接口，共享客户的账户信息和交易数据。这一实践促进了金融服务的创新，使得消费者能够更加方便地管理自己的金融资产，同时也为金融科技公司提供了更多的创新空间。

4. 蚂蚁金服

蚂蚁金服作为中国领先的金融科技公司，通过开放API接口，与众多合作伙伴共同打造了一个开放式的金融生态圈。其旗下的支付宝、余额宝等产品为消费者提供了便捷的支付和投资服务，同时也为商家和小微企业提供了融资和支付解决方案。

5. 腾讯金融云

腾讯金融云提供了丰富的金融云服务，包括风控、支付、信贷等。通过开放API接口，腾讯金融云与合作伙伴共同推动了金融服务的创新，为企业和个人提供了更加安全、高效的金融服务。

开放金融的实践并不仅局限于银行领域，它还涉及金融行业的多个方面，包括投资、证券、保险等多个领域。

投资领域：开放金融的实践主要体现在投资平台的开放和创新上。一些领先的投资平台通过开放API接口，允许第三方开发者接入其投资服务，从而提供更广泛的投资选择和个性化的投资建议。这些平台利用大数据和人工智能技术，对投资者的风险偏好、投资目标等进行深度分析，为投资者提供精准的投资组合和资产配置建议。

证券领域：开放金融的实践主要体现在证券交易的开放和透明化上。一些证券交易所通过开放API接口，为投资者提供了更加便捷、高效的证券交易服务。同时，证券公司也通过开放平台，与其他金融机构和科技公司合作，共同推动证券市场的创新和发展。这些实践有助于降低交易成本、提高市场效率，促进证券市场的健康发展。

保险领域：开放金融的实践主要体现在保险产品的创新和服务模式的升级上。一些保险公司通过开放API接口，与其他金融机构和科技公司合作，共同开发创新的保险产品。同时，保险公司还通过开放数据和服务，为客户提供更加个性化、智能化的保险服务。这些实践有助于提升保险行业的服务水平和竞争力，满足消费者日益多样化的保险需求。

近年来，随着开放金融的不断深化，各国政府纷纷出台政策支持并规范开放金融的发展。例如，欧洲联盟的《支付服务指令》（PSD2）于2016年1月12日推出。该指令的主要内容包括：

> 保护消费者及其数据：确保在线支付的安全性，并对消费者个人信息进行保护。
>
> 鼓励使用第三方支付服务：允许和鼓励用户利用第三方提供的支付产品管理个人或企业的财务。
>
> 禁止将付款成本转嫁给消费者：确保商家不会把支付过程中产生的费用转嫁给消费者。
>
> 增强线上消费者权益保护：大幅提高对在线交易中消费者权利的保护力度。

《支付服务指令》为金融科技领域的新进入厂家提供银行账户接入权限，帮助他们进入一个更加规范、标准的金融体系。通过促进创新的在线和移动支付解决方案的开发和使用，如开放银行，来增加欧洲支付服务的安全性和便利性。

三、开放金融的监管挑战

然而，在推进开放性金融的过程中，需要充分考虑其带来的挑战，如数据安全、隐私保护和监管合规等。开放银行在监管方面面临的困难和问题包括以下几个方面：

（一）数据隐私和安全

开放银行需要共享客户数据给第三方服务提供商，但这也带来了数据隐私和安全的风险。监管机构需要确保合适的安全措施被采取，以保护客户数据的隐私和安全。

（二）竞争和市场集中度

开放银行可能导致市场集中度增加，因为大型银行可能会更容易与第三方服务提供商合作，而小型银行可能面临更大的竞争压力。监管机构需要确保开放银行的实施不会导致市场垄断或不公平竞争。

（三）技术标准和互操作性

开放银行需要建立统一的技术标准和互操作性，以确保不同银行和第三方服务提供商之间的系统能够无缝地进行数据交换和交互对接。监管机构需要参与制定和推动这些标准，以确保开放银行的顺利实施。

（四）拟定监管框架和法规

开放银行需要适应新的监管框架和法规，以确保合规性和风险控制。监管机构需要制定和更新相关的监管政策和法规，以适应开放银行的发展和变化。

（五）用户教育和保护

开放银行需要确保金融服务用户对开放银行有足够的了解和使用经

验，并且对私人数据的控制和使用有足够的保护措施。监管机构需要加强用户教育和保护的监管措施，以确保消费者能够做出明智的决策，并保护他们的权益。

（六）风险管理和合规监管

开放银行涉及多方合作和数据共享，可能增加了风险的复杂性。监管机构需要确保开放银行有适当的风险管理措施，包括风险评估、监测和控制，以减少潜在的风险和损失。开放银行需要遵守各种监管要求和合规标准。监管机构需要确保开放银行在合规方面符合相关法规和政策，并进行监督和检查，以确保其合法性和稳定性。

（七）跨境监管问题

开放银行可能涉及跨境业务和数据流动，这增加了监管的复杂性。监管机构需要加强跨境监管合作，制定跨境监管政策和标准，以确保开放银行在跨境业务中符合各国的监管要求。

总之，开放银行在监管上面临着数据隐私和安全、竞争和市场集中度、技术标准和互操作性、监管框架和法规、用户教育和保护、风险管理、监管合规以及跨境监管等多个领域的挑战。监管机构需要积极应对这些挑战，确保开放银行能够在安全、稳定和可持续的环境下运营。

第三节　金融元宇宙：数字化时代的
金融新形态

一、我们站在从现实向虚拟演变的关键突破时期

当前，可能已经出现新一轮"大级别"科技创新涌现的拐点，而数字化和虚拟化是第四次工业革命的重要特征。人工智能技术包括机器学习、深度学习、自然语言处理和计算机视觉等领域的发展，使得机器具备了模拟人类智能的能力。随着人工智能模型GPT-4的发布，生成式人工智能进入了迈向通用人工智能创新应用的阶段。数字化技术使得信息的存储、传输和处理更加便捷和高效。虚拟化技术则实现了现实世界和虚拟世界的融合，例如虚拟现实和增强现实技术的应用，改变了人们的交互方式和体验。

预计未来的经济系统可能存在两层系统：现实经济系统与虚拟经济系统，两者之间的基本交互联系是：①用户和化身（Avatar，电影《阿凡达》的名字）需要基于区块链的服务来进行虚拟现实交互；②用户及其智能设备需要数据存储服务、数据交互应用和交易系统，以便与虚拟对象、虚拟服务和虚拟环境进行交互；③用户通过智能合约支持的Web 3.0生态系统管理数字资产（Huang et al.，2022）。尽管虚拟世界看起来非常有吸引力和前景，但对虚拟世界的质疑仍然存在：人们最大的疑虑是网络安全和隐私问题，如果元宇宙已经成熟和发展，那么人们关心的第二个问题就是

是否数字生活会接管现实生活（J. Clement，2022）。

二、从纸币的消失到金融元宇宙的崛起

货币在金融中扮演了至关重要的角色，一切金融活动围绕着货币资源配置而展开，因此一般认为货币是金融的核心。中国早在公元1024年，瑞典在1661年就分别发行了全球和欧洲的第一张纸币。2018年，瑞典中央银行宣布将在2030年全面实现无纸币化。2021年，中国人民银行启动了数字法币的发行，这是金融史上的重大事件，全球金融货币体系已经开启了变革的"新常态"。

"元宇宙"（Metaverse）是"Z世代"的时代产物，最早由尼尔·斯蒂芬森在科幻小说《雪崩》中首次提出。当前，元宇宙的概念已经从科幻小说走到了现实世界，虚拟现实技术和其他相关技术的发展使得元宇宙的实现成为可能。因此，在全球化时代背景下我们越来越接近一个虚拟现实般的世界。Ramadhan A.（2023）研究发现：元宇宙的最大优势是帮助克服现实生活中阻碍个人愿望实现的许多障碍，因为在现实世界中，人们或者因为地理位置、身体残疾，或者因为没有合适的工具而无法做自己想做的很多事情，他还发现元宇宙有助于培养人的创造力与想象力。

"金融元宇宙"是指一种基于区块链技术和加密货币的金融系统。从数字金融和金融科技的最新发展来推断金融业的新形态，存在以下特征：1. 自组织。元宇宙金融体系不依赖于中央政府或传统金融机构的调控和管理，而是由网络参与者自愿加入和参与的。2. 去中心化。元宇宙金融体系建立在分布式账本技术（如区块链）上，没有单一的中心化机构或控制权。3. 高效地执行。元宇宙金融体系借助智能合约技术，使得金融交易和

合约执行自动化、去信任和去中介化。4. 数学化。元宇宙金融体系的设计和运作基于数学算法和密码学原理。那么，金融的未来形态很可能将会是"金融元宇宙"。

由于我们未来可能生活在元宇宙中，除了目前的货币形式，人们将需要另一种可以在元宇宙使用的货币来进行商业交易，而加密货币的发展正在与元宇宙的发展紧密结合。加密货币发明的初衷是限制货币发行量，因为政府有超发货币引发货币贬值的冲动。同时，将私有信息委托给互联网机构是很危险的，因为这些机构的收入模式决定了其想尽可能地攫取人们的私人信息而加以利用，从而不断越界。

除了加密货币，NFT（非同质化代币）未来也将是金融新形态的重要部分。它是一种基于区块链技术的加密资产，具有可编程性，可以根据需要进行定制和扩展，用于表示数字艺术、游戏内物品、音乐、视频和实体商品的数字所有权证书等。它的出现为数字资产的创作、交易和所有权保护提供了新的解决方案，同时也为数字经济的发展带来了新的机遇和挑战。

金融新形态将对现有的金融监管模式与理念产生重大冲击，监管者面临着如何将监管规则变成可编程的计算机语言，运用模式识别技术对监管规则和合规要求进行结构化处理等问题，因此我国监管科技的发展也将提上历史日程。当然，未来的金融新形态仍将存在投融资这样的普遍金融行为，但数字金融资产的创建、发行、激励和管理方式都可能与传统金融不同。随着区块链、Web3.0、量子计算等数字基础设施的建立，在传统金融的基础上将可能诞生金融元宇宙系统。

第四节　关于人工智能的反思

　　人工智能是研究开发用于模拟、延伸和扩展人的智能的理论、方法、技术及应用系统的一门新的技术科学。金融人工智能是指人工智能技术在金融行业的融合中产生的大量应用场景。目前，人工智能生产内容，在金融上的应用还处于较早期。ChatGPT 最有可能落地的金融场景是在公募、私募行业类的人工和自动问答客服、研究辅助等领域。在替代人工客服和自动值守的机器人客服方面，ChatGPT 具有独特的优势。作为自然语言处理工具的 ChatGPT 能够学习和理解人类的语言，并与用户流畅交流互动，在使用体验上远超传统的经常答非所问的"智能聊天机器人"，具有更加生动自然、强大的对话能力，能够进行持续、深入的对话，而且输出的内容更好，用户体验更佳。金融人工智能在证券投资与策略研究上发挥的主要作用目前还限于提高分析人员在基础代码编程部分的效率。

　　未来，人工智能的发展能否替代专业投资，消除或减少市场的非理性行为？笔者认为人工智能对金融市场有效性的影响存在着"二律背反"规律。康德在《纯粹理性批判》中提出了认识论问题的四组"二律背反"，每组二律背反都分为正题和反题。例如：

　　①正题：世界在时间上和空间上是有限的。反题：世界在时间上和空间上是无限的。

　　②正题：世界上的一切都是由单一的不可分的部分构成的。

反题：世界上没有单一的东西，一切都是复杂的和可分的。

我们来做以下类似的理论推理：

人工智能的发展将促使金融市场信息更加透明并加速信息传播，减少市场的"噪音交易"，使"影子价格"更接近股市价格，从而减少市场泡沫。正题：

> 金融人工智能通过对大数据的运用以及机器学习，生产和传播大量有效信息，有利于克服市场信息"不对称"难题，推动解决前文中的市场泡沫问题，使金融市场回归有效市场状态。

但另一方面，现实金融市场上的许多数据信息分析并不是仅仅依靠模型和算力就可以完成的，具有真实市场投资经历的人都知道，同样的宏观历史数据在不同的经济环境和政策语境下，市场对此的解读是不同的，甚至可能相反。类似"某个股票是否可以投资"这样的问题，金融人工智能同样无法给出一个准确答案。比如，现在市场上很多数据和信息都是噪音或虚假信息，可能只有1%的有效信息，如果金融人工智能基于所有的信息进行拟合，可能计算出来的策略是无效的，人工智能甚至可能会经常提供与市场相反的信息，从而加剧市场信号的混乱程度。于是引出反题：

> 金融人工智能不可能生产和传播大量有效信息，从而使市场价格有效率。

由此，辩证的两个相反论题同时存在，本文称之为"金融市场有效性与人工智能的'二律背反'"。

数字时代下随着人工智能的崛起，以ChatGPT为代表的人工智能生成内容（AIGC）的方式，将会越来越多地在未来的金融市场产生应用场景，不限于客户问答和研究辅助，将会延伸到包括智能投顾、资产管理等更核心的财富管理领域。AIGC能够增加信息透明度和加速信息传播，使市场的"影子价格"更充分地接近市场价值，减少市场泡沫。同时，AIGC在更大程度上替代了人的决策，使人的理性或非理性因素、理性交易者和噪音交易者在证券市场上发生的复杂交互作用趋于消弭。但是，没有人为创造性思维的引导而依赖AI进行投资决策，将可能使市场资金集中于某一种因子量化投资而形成"拥挤"交易状况，反而降低该策略交易的有效性。金融市场本质上是一个复杂博弈系统，本质上其稳定性来源于内部交易策略的多样性和交易主体行为的复杂性。如果金融市场的多样性和复杂性消失，就如一个生态系统中某个循环环节的缺失，反而将会带来生态灾难一样，市场更加一致的预期引发的投资者行为或将推升更大的金融市场泡沫，形成更大的系统性风险和危机。基于"二律背反"的存在，我们目前很难对金融人工智能未来的影响给出具体的答案。

第三章

数字金融与经济增长专题

第一节 数字金融发展、区域金融与经济增长

从社会经济总量来看，每一次大的文明飞跃，人类创造财富的能力都会有数以十倍、百倍计的提升，数字经济就是数字文明时代人类创造财富的新模式。目前我们面对的是第四次工业革命，人类社会即将迎来"数字文明"的新时代——"数字时代"。数字金融与经济增长一直是学术研究的热点。

从历史的角度来看，金融的目标始终是服务实体经济，而随着第四次工业革命的到来，数字技术开始改变存续百年的社会经济发展基本秩序，人类开始进入数据要素时代、人工智能时代。工业互联网、大数据、云计算、人工智能、区块链和5G等技术，深刻地改变了产品的基本形态、企业盈利的方式以及产业组织的模式。产业生态中的数据确权、透明、穿透，改变了传统金融中的信用、杠杆和风险的内涵，并急需一种基于数字技术、更好地服务产业生态的金融模式，也就是数字金融（黄奇帆等，2022）。数字金融对经济增长的影响如何，又怎样通过中介的作用途径实现经济增长，正是本节试图研究和探索的核心问题。[①]

本节的学术贡献体现在以下方面：第一，将区域（省级）金融发展程度作为唯一中介变量，分析数字金融对经济增长的中介效应。第二，将

[①] 本节采用2011—2020年全国31个省市的经济数据为样本，数字金融采用北京大学数字普惠金融指数（郭峰等，2020），实证检验数字金融对我国内陆开放型经济省份增长（代表变量为地区生产总值增长率）的影响，我们发现数字金融能够显著影响地方金融发展程度以及产业聚集度，证明了反映地方金融发展程度的变量具有部分中介效应。

产业聚集度作为重要的控制变量，分析数字金融与产业聚集的关系。理论上，当相同或相关领域的企业员工尤其是科研人员聚集在一起时，他们可以共享资源、技术和经验，从而加速企业的创新创造过程，实现地方高效能高质量发展（Neff，2005）。

一、文献综述与研究假设

大量的研究表明：科技和金融经过几个世纪的发展，往往以协同的方式相互影响（Allen and Gale，1994；Goetzmann，2009）。例如，在19世纪和20世纪为了筹资建设大规模的铁路，金融企业家们开发了专门的投资银行和会计系统，以方便远程的投资者进行建设项目的筛选和监控。近年来，金融企业家们创立了风险投资机构来筛选科技方面的初创企业。许多计量证据表明，金融和企业科技创新之间存在着密切的联系，而且这种协同作用对于经济增长至关重要。借助数字技术和互联网通信技术，数字金融实现了金融服务方式的创新和优化，提升金融服务效率，从而有助于提高新创企业的经营效益。Laeven et al.（2015）提出：（1）技术和金融创新呈正相关；（2）除非金融家与技术前沿的创业者互相支持与配合，促进科学技术与业务模式创新，否则科技初创者的成功概率将会下降，从而减缓经济的增长。

数字普惠金融通过缓解企业内外部的信息不对称，完善企业内部管理，吸引外部资金支持，从而提升创业板企业的科技创新与盈利能力（朱柯洁，2023）。随着数字金融的快速发展，金融服务实体经济的质量与效果得以快速提升，市场上实体经济规模扩大的同时也为新创企业成长带来更多的发展机会和市场空间（董玉峰等，2020；吕江林等，2021）。

Yueh，L.（2016）分析了数字金融对于开放型经济的影响，认为数字金融可以促进跨国贸易和外汇交易的便利，同时也能够帮助发展中国家加速发展。Vishwanath，S. R.（2019）研究了数字金融对于银行行业在开放型经济中的影响，认为数字金融将推动银行业务的创新及其在国际贸易和跨境支付领域的重要性。Zhang, Y.（2017）通过实证研究发现，数字金融可以提高金融市场的效率，降低交易成本，提高跨国贸易的效率，同时也能够帮助发展中国家加速发展。因此，数字金融的发展能够提高新创企业在金融资源方面的获取能力和利用能力，缓解新创企业在融资、投资、支付和资产管理等方面所面临的金融排斥问题，进而促进地区开放型经济发展。据此本文提出如下假设：

假设H₁：数字金融与区域金融发展程度呈正相关，且能够通过促进区域金融发展（中介）影响地方经济增长。

随着数字经济的快速发展，数字金融逐渐成为影响产业集聚和经济增长的重要力量。数字媒体和信息技术使工作能够远距离进行，3D打印、工业机器人和智能化装备可以支持不断变化的生产地点，但是其中仍然存在着一个悖论：尽管远程工作在技术上变得更加容易，高科技企业员工仍然喜欢通过他们的社会网络，或由社会关系联系在一起的一群人和组织来聚集或定位工作地点（Neff，2005）。于是，现代产业体系的发展催生了一种限于特定区域的创新集聚区，如硅谷地区聚集了全球许多顶尖的科技公司，这些企业通过人才流动、技术共享和合作创新，不断引领世界科技行业的发展。如电子信息产业集聚区深圳市，以其完整的产业链、强大的供应链和高效的协同合作而著称。这种效应也被称作产业创新的"集聚效应"。

数字金融能够为产业集聚提供必要的资金支持。在产业集聚过程中，企业需要大量的资金投入，用于技术创新、扩大生产规模等。数字金融通过提供便捷、低成本的融资渠道，满足了企业的资金需求，从而促进了产业集聚的形成。数字金融能够降低交易成本，提高市场效率。传统的金融服务往往存在较高的交易成本和烦琐的流程，而数字金融利用先进的技术手段，简化了交易流程，降低了交易成本，使得市场更加高效。这为企业提供了更加便捷的服务，进一步促进了产业集聚的形成。数字金融在"数字金融→产业结构升级→区域经济韧性"关系中发挥了显著的正向中介效应（陈胜利等，2024）。

产业创新技术工作人员的集聚区将产生"虹吸"效应和外部经济。"虹吸"效应可以加速产业链上下游的凝聚和形成过程，并培养出整个产业生态系统。产业的区域集聚能够吸引更多的人才和资源。当一个地区已经形成特色产业聚集地时，其头部企业的入驻、成熟的配套环境和尖端科研机构的号召力能够吸引更多的专业人才、市场供应商和服务提供商的加入。这为地区的经济发展创造了有利的外部环境，激发了有潜能的消费，扩大了有效益的投资，进一步提高了产业聚集地的凝聚度和竞争力。例如德国的汽车工业集聚地巴伐利亚州和巴登-符腾堡州吸引了全球顶尖的汽车制造商和供应商，这为提升德国汽车工业的创新性和国际竞争力提供了强力支持。数字金融的发展有助于促进地区产业聚集。基于此，本文提出如下假设：

假设H_2：数字金融对地方经济的产业集聚产生正面的影响。

二、研究设计与实证分析

（一）样本选择与数据来源[①]

为了比照我国内陆省份与沿海发达省份的数字金融与产业聚集效应，我们设立了两个对照组数据。2012年以来，中国政府在国家层面先后批准设立了宁夏、四川、陕西、甘肃、青海、新疆、江西等七省区的内陆省份开放型经济试验区。对照组1样本由以上七个省份构成，以反映中西部内陆开放型经济特征。对照组2样本由长江三角洲和珠江三角洲的三个省份组成：江苏、浙江和广东，代表东南部沿海的经济发达省份。

（二）变量定义

1. 被解释变量

开放型经济发展（OE）。采用各个省GDP增长率为代表开放型经济发展的唯一指标。

2. 核心解释变量

数字金融指数（DF）。采用北京大学数字普惠金融指数为代理变量，当作对区域开放型经济发展的核心解释变量。

3. 中介变量

地区金融发展水平（Dev），由各省金融机构贷款数量除以各省地区生产总值表示。

[①] 本节以2011—2020年经济数据为样本，原始数据来源于各省统计年鉴和万德数据库。数字金融变量采取北京大学数字普惠金融指数各省数据（郭峰等，2020）。

4. 控制变量

根据齐绍洲和原毅军等人的研究成果，地区层面的控制变量选择：①人力资本（*Labor*），由高等教育在校人数除以人口数量表示；②产业聚集度（*Aggl*），计算各省中各城市常住人口的变异系数，变异系数是标准差与平均值的比值，用于消除样本数据点数量对差异度的影响，变异系数越高表明该省的产业聚集性越好。相关变量定义见表3-1。

表3-1 相关变量定义

变量符号	变量含义	计算方法
OE（被解释变量）	省级生产总值增长率	省级生产总值增长率
DF（核心解释变量）	省级数字金融总指数	北京大学数字普惠金融指数
Dev（中介变量）	地区金融发展水平	省内金融机构贷款数量/地区生产总值
Aggl（控制变量）	城市常住人口变异系数	省内各城市常住人口数的标准差/平均值
Labor（控制变量）	人力资本	省内高等教育在校人数/人口总数

（三）模型设定

构建考察数字金融对我国内陆开放型经济省份经济增长的影响的回归模型，以及基于区域金融发展（*Dev*）作用下的中介效应模型（温忠麟、叶宝娟，2014），如下：

$$OE_{i,t} = \alpha_0 + \alpha_1 DF_{i,t} + \alpha_2 control_{i,t} + \varepsilon_{i,t} \qquad (1)$$

$$M_{i,t} = \beta_0 + \beta_1 DF_{i,t} + \beta_2 control_{i,t} + \varepsilon_{i,t} \qquad (2)$$

$$OE_{i,t} = \gamma_0 + \gamma_1 DF_{i,t} + \gamma_2 M_{i,t} + \gamma_3 control_{i,t} + \varepsilon_{i,t} \qquad (3)$$

模型中，下标 i、t 分别代表省份和年份，$OE_{i,t}$ 为被解释变量，DF为数字金融的代表变量，$control_{i,t}$ 为一系列控制变量，$\varepsilon_{i,t}$ 为随机误差项。在回归中本文还进行如下处理：第一，所有原始数据利用Stata进行中心化（即均值为零）处理；第二，通过豪斯曼检验固定效应和随机效应的系数差异，选择适当的模型；第三，检验中介变量的中介效应是否显著，如果显著则计算出中介效应占总效应比。

（四）实证分析

1. 描述性统计

表3-2为变量描述性统计结果。结果显示，2011—2020年组1的七个内陆开放型经济省份地区生产总值的增速均值为8.558%，高于组2的平均增速，最高值为15%，最低值为1.5%，差异度高于组2；组2的三个东南沿海省份地区生产总值的增速均值为7.527%，最高值为11%，最低值为2.3%。组2数字金融水平更高，而组1的地区金融发展程度（Dev）更高，表明内陆开放型经济省份中的信贷投放相对GDP的比例更高；从受高等教育人口占比（Labor）看，组2明显更高，东南沿海省份的教育资源更优；从反映区域城市人口集聚的变异系数（Aggl）看，组1更高，显示内陆开放型经济省份城市人口分布相对均值的更大偏差性。

表3-2　变量描述性统计结果

对照组1变量	Obs	Mean	Std. Dev.	Min	Max
OE	70	8.558	2.853	1.5	15
DF	70	198.711	91.551	18.33	340.61
Dev	70	1.489	0.436	0.784	2.433
Labor	70	0.004	0.001	0.002	0.006
Aggl	70	0.68	0.211	0.329	1.204
对照组2变量					
OE	30	7.527	1.853	2.3	11
DF	30	251.302	100.579	62.08	406.88
Dev	30	1.402	0.322	0.975	2.2
Labor	30	0.006	0.001	0.004	0.011
Aggl	30	0.504	0.144	0.318	0.733

2. 相关性分析

表3-3中组1内样本省份的数字金融（DF）与经济增长（OE）显著负相关（相关系数-0.89）；地区金融发展程度（Dev）与经济增长负相关（-0.627）；数字金融与Dev正相关（0.502），与城市人口聚集的变异系数（Aggl）正相关（0.096）。组2内样本省份的数字金融与经济增长显著负相关（相关系数-0.833）；Dev与经济增长负相关（-0.601）；数字金融与Dev正相关（0.583），与城市人口聚集的变异系数（Aggl）正相关（0.181）。两组样本反映的相关性规律一致，只是相关系数不同。其中的数字金融与经济增长均显著负相关。

表3-3 变量相关性分析

对照组1变量	(1) OE	(2) DF	(3) Dev	(4) Labor	(5) Aggl
(1) OE	1				
(2) DF	−0.89	1			
(3) Dev	−0.627	0.502	1		
(4) Labor	0.124	−0.069	−0.522	1	
(5) Aggl	−0.12	0.096	0.083	−0.557	1
对照组2变量					
(1) OE	1				
(2) DF	−0.833	1			
(3) Dev	−0.601	0.583	1		
(4) Labor	−0.637	0.357	0.033	1	
(5) Aggl	−0.289	0.181	0.367	0.488	1

3. 多重共线性检验与豪斯曼检验

多重共线性是指线性回归模型中的解释变量之间存在高度相关性，导致模型估计的参数不稳定和不准确。检查多重共线性是建立和评估线性回归模型的重要步骤之一，有助于提高模型的准确性、简化模型、避免伪回归和发现潜在的因果关系。我们利用VIF检验评估变量的多重共线性问题，结果见表3-4，平均VIF值为2.11，说明解释变量之间不存在多重共线性问题。一般情况下，如果VIF值大于5或10，则认为解释变量之间存在多重共线性问题。

表3-4　VIF检验结果

变量	VIF	1/VIF
Dev	3.04	0.328
Labor	2.64	0.379
Aggl	1.76	0.568
L_DF	1.68	0.596
Aggl_1	1.43	0.699
Mean VIF	2.11	

豪斯曼检验（Hausman Test）是用于判断模型应采用固定效应模型还是随机效应模型的检验方法。Hausman（1978）提出，应首先在估计模型中分别加入个体固定效应和随机效应，然后规范地检验时变解释变量系数的统计量是否存在显著区别，进而做出对两种方法的选择判断。本文的豪斯曼检验统计量结果如下：$chi^2(5)=10.30$，$Prob>chi^2=0.0673$，这表明原假设（Ho：系数的差异不是系统性的）被拒绝，即固定效应和随机效应的系数存在系统性差异，本文的数据应选择随机效应模型。

4. 实证结果与中介效应分析

表3-5和表3-6是我们应用随机效应模型的检验结果，可以对比表3-5加入控制变量和表3-6没有加入控制变量的两种情形。首先，模型的整体解释程度较高，整体R^2最高0.9055，最低0.5327，表示在随机效应模型下，模型中的解释变量能够解释因变量的大部分变异。组间R^2最高0.9383，最低为0.5251，表示个体间的异质性对因变量的解释能力很高。

Wald chi^{2}统计量最高为240.74，对应的p值均为0，这个统计量用于检验模型中的自变量是否显著影响因变量，表示p值小于通常的显著性水平（如0.05），模型中的自变量整体上对因变量有显著影响。

组1模型（3）中的解释变量DF和中介变量Dev的p值都在1%以内显著，回归系数分别为-0.729和-0.308，表示DF和Dev每增加1个单位，因变量减少0.729和0.308个单位，符号与相关性分析的结果一致。组2模型（6）中的解释变量DF和中介变量Dev的p值都在1%以内显著，控制变量Labor和Aggl的p值在1%、5%以内显著；解释变量DF和中介变量Dev的回归系数分别为-0.480和-0.350，表示DF和Dev每增加1个单位，因变量减少0.480和0.350个单位，符号与相关性分析的结果一致。Labor和Aggl的回归系数分别为-0.510和0.175，表明人力资本与经济增长出现反向变化，而省内城市常住人口变异系数与经济增长同向变化。

先考察第一个假设H$_1$：

数字金融与区域金融发展程度呈正相关，且能够通过促进区域金融发展（中介）影响地方经济增长。

表3-5和表3-6的组1方程（2）和组2方程（5），在以Dev为被解释变量的回归中，DF的回归系数均统计上显著（p<0.01）且为正，未加控制变量时为0.474、0.578，加入控制变量后分别为0.488和0.651，且整体R^{2}从0.225、0.2708提升到0.5702、0.5327，表明控制变量有效提升模型的解释力，两组样本的数字金融均对地方金融发展程度产生正面影响，且组2中数字金融对地方金融发展的边际效应更大。

其次，我们分析中介效应。根据温忠麟、叶宝娟（2014）的分析方法，将所有变量都进行中心化（即均值为零）处理（以Stata实现），按照公式（1）—（3）依次检验回归系数方法检验，见表3-5。如果H0：$\beta_1=0$被拒绝且H0：$\gamma_2=0$被拒绝则中介效应显著，否则不显著。表3-5对照组1中：模型（2）变量DF的系数为0.488且p<0.01显著；模型（3）中介变量M的γ_2系数为-0.308且 p<0.01显著，原假设被拒绝，表明存在显著中介效应。依次检验系数β_1、γ_2，如果都显著，则证明X对Y的影响至少有一部分是通过了中介变量实现的。是否存在完全中介效应，还要检验H0：$\gamma_1=0$是否显著，检验统计量等于回归系数的估计除以相应的标准误，结果显示显著（p<0.01），故中介变量Dev不具完全中介效应。同理，对照组2中：模型（5）变量DF的系数β_1为0.651且p<0.01显著；模型（6）中介变量的γ_2系数为-0.35，原假设被拒绝，表明存在显著中介效应。检验H0：$\gamma_1=0$是否显著，结果显示显著（p<0.01），故变量不具完全中介效应。两组的检验数据均说明：数字金融对样本省份经济增长的影响只有一部分是通过中介变量——地区金融发展程度（Dev）来实现的，也就是具有一定的间接效应。进一步计算对照组1和2的中介效应在总效应中的比例（$\beta_1 \times \gamma_2/\alpha_1$），分别为17.46%、29.40%。

表3-5　增加控制变量后对照组的基准回归结果

变量	对照组1：内陆开放型经济省份（7）			对照组2：东部发达省份（3）		
	OE（1）	Dev（2）	OE（3）	OE（4）	Dev（5）	OE（6）
DF	−0.861***	0.488***	−0.729***	−0.775***	0.651***	−0.480***
	（0.0733）	（0.0811）	（0.0668）	（0.118）	（0.144）	（0.104）
Dev			−0.308***			−0.350***
			（0.0678）			（0.0843）
Labor	0.114*	−0.678***	−0.113	−0.255***	−0.422***	−0.510***
	（0.0602）	（0.0972）	（0.0722）	（0.0763）	（0.162）	（0.0841）
Aggl	0.0445	−0.341***	−0.0768	−0.0301	0.456***	0.175**
	（0.0592）	（0.0974）	（0.0589）	（0.0648）	（0.154）	（0.0729）

变量	对照组1：内陆开放型经济省份（7）			对照组2：东部发达省份（3）		
	OE（1）	Dev（2）	OE（3）	OE（4）	Dev（5）	OE（6）
常数项	0 （0.0734）	0 （0.0801）	0 （0.0589）	0 （0.118）	0 （0.132）	0 （0.0796）
R-sq						
within	0.1127	0.3851	0.0831	0.4444	0.6646	0.5845
between	0.8968	0.9154	0.9289	0.8434	0.5251	0.9383
overall	0.7933	0.5702	0.8462	0.8092	0.5327	0.9055
Wald chi^2	139.99	151.52	240.74	87.55	29.64	66.36
Prob > chi^2	0	0	0	0	0	0
观察值	70	70	70	30	30	30
年份数	10	10	10	10	10	10

注：***表示 $p<0.01$，**表示 $p<0.05$，*表示 $p<0.1$；括号内为标准差，后表同。

表3-6　未增加控制变量的对照组的基准回归结果

变量	对照组1：内陆开放型经济省份（7）			对照组2：东部发达省份（3）		
	OE（1）	Dev（2）	OE（3）	OE（4）	Dev（5）	OE（6）
DF	−0.426***	0.474***	−0.574***	−0.844***	0.578***	−0.666***
	（0.156）	（0.107）	（0.116）	（0.195）	（0.209）	（0.139）
Dev			−0.210***			−0.192
			（0.0492）			（0.117）
常数项	0	0	0	0	0	0
	（0.184）	（0.106）	（0.127）	（0.203）	（0.207）	（0.121）
观察值	70	70	70	30	30	30
年份数	10	10	10	10	10	10
R-sq						
within	0.067	0.146	0.0704	0.2582	0.7959	0.1539
between	0.767	0.799	0.8149	0.6298	0.7959	0.7044
overall	0.661	0.225	0.7333	0.5931	0.2708	0.6435

再考察第二个假设H_2:

数字金融对地方经济的产业集聚产生正面的影响。

产业聚集度（Aggl）。本文定义的产业聚集度侧重产业从事人员的聚集与相应信息流的交换，据此设计两个代表变量：$Aggl_1$由省级常住人口最多的前三大城市在全省所有人口占比表示，人口聚集的大城市占比越高表明产业聚集性越好。$Aggl_2$是省级每个城市常住人口的变异系数，变异系数用标准差与平均值的比值代表，该算法一般用于消除样本数据点数量对差异度的影响，变异系数越高表明该省的产业聚集性越好。以Aggl为被解释变量，DF为核心解释变量，Labor和Dev为控制变量，建模如下：

$$Aggl_{i,t} = \gamma_0 + \gamma_1 DF_{i,t} + \gamma_2 control_{i,t} + \varepsilon_{i,t} \qquad (4)$$

豪斯曼检验：Hausman检验的原假设（Ho）是，两个模型之间的系数差异是随机的，即应该使用随机效应模型。如果拒绝原假设，则应该使用固定效应模型。Hausman检验的结果是：$chi^2(3) = 9.54$，$Prob>chi^2 = 0.0229$，由于p值小于0.05，我们拒绝原假设Ho，这意味着两个模型之间的系数差异不是随机的，应该使用固定效应模型。

表3-7对照组1中模型（1）未加入控制变量时，以DF为单一自变量对$Aggl_1$的弹性系数为-4.202，p值小于1%，整体R^2为0.257；模型（2）（3）加入控制变量$Labor$后两个变量的p值小于1%显著，表明DF和Labor对因变量均有显著的影响，但DF是负向影响，$Labor$是正向影响，整体R^2增加。同样，模型（4）—（6）中未加入控制变量时，以DF为单一自变量对$Aggl_2$的弹性系数为-2.555，整体R^2很低；在加入控制变量后，模型解释力改善，但DF的统计值不显著。对照组1内陆开放型经济省份中DF对Aggl的整

体影响不太显著，且发生负向作用。

表3-8对照组2模型（1）未加入控制变量时，以DF为单一自变量对 $Aggl_1$ 的弹性系数为6.938，p值小于1%显著，且整体 R^2 很高，为0.572，回归方程解释力较强；模型（2）（3）加入控制变量Labor后DF和Labor的p值小于1%显著，系数为正表明DF和Labor对因变量均有显著的正向影响，且整体 R^2 增加到0.82。同样，模型（4）—（6）中未加入控制变量时，以DF为单一自变量对 $Aggl_2$ 的弹性系数为1.119，为正；在加入控制变量Labor后，模型解释力改善，且DF和Labor的统计值仍然显著，系数为正。可见，与对照组1内陆开放型经济省份的检验结果不同，对照组2中DF对Aggl的影响十分显著，而且整体呈正向作用。

表3-7　对照组1的基准回归结果

变量	Aggl_1（1）	Aggl_1（2）	Aggl_1（3）	Aggl_2（4）	Aggl_2（5）	Aggl_2（6）
DF	−4.202***（0.93）	−6.646***（1.24）	−5.055***（1.553）	−2.555**（1.079）	0.0875（1.076）	−0.954（1.398）
Labor		0.437***（0.156）	0.444***（0.154）		−0.609***（0.128）	−0.796***（0.138）
Dev			0.325（0.196）			−0.606***（0.176）
常数项	0（0.111）	0（0.105）	0（0.104）	13.05**（5.51）	−0.447（5.496）	0（0.0934）
观察值	70	70	70	70	70	70
年份数	10	10	10	10	10	10
R−sq	0.257	0.346	0.376	0.087	0.344	0.482

表3-8　对照组2的基准回归结果

变量	Aggl_1（1）	Aggl_1（2）	Aggl_1（3）	Aggl_2（4）	Aggl_2（5）	Aggl_2（6）
DF	6.938***（1.378）	10.77***（1.196）	−3.167（2.26）	1.119（2.117）	7.352***（1.677）	0.937（5.656）

变量	Aggl_1 （1）	Aggl_1 （2）	Aggl_1 （3）	Aggl_2 （4）	Aggl_2 （5）	Aggl_2 （6）
Labor		0.801*** （0.16）	0.299** （0.118）		1.302*** （0.225）	1.071*** （0.296）
Dev			1.571*** （0.244）			0.723 （0.61）
常数项	0 （0.144）	0 （0.0955）	0 （0.0529）	0 （0.221）	0 （0.134）	0 （0.132）
观察值	30	30	30	30	30	30
年份数	10	10	10	10	10	10
R−sq	0.572	0.82	0.948	0.014	0.656	0.682

综合来看，根据实证结果，第二个假设"数字金融对各省的产业集聚产生正向影响"，在内陆开放型经济省份表现不显著且略有负相关；在东部发达省份统计上则十分显著，在加入控制变量Labor后，数字金融每增加1个单位，产业集聚度$Aggl_1$增加10.778个单位，$Aggl_2$增加7.352个单位，可以认为东部发达省份的数字金融发展与产业集聚之间发生良性的相互促进关系。

三、数字金融与内陆开放型经济增长的启示与建议

（一）数字金融与经济增长负相关问题的探讨

如何理解2011—2020年之间发生的数字金融与各省份经济增长的负相关关系？我们分析可能原因如下：

一是数字金融的快速发展使一些地方省份出现了产业结构的不可逆转变，一些行业原有的盈利模式失效而新模式并未确立，可能导致一段时间内经济增长的放缓或产生负向影响。例如，一些省份的传统产业数字化过

程中，传统制造业就业机会减少，而数字经济和新兴行业还需要积累时间和技术来发展壮大，无法带动经济增长；另外，数字科技需要金融机构投入大量资金在研发和人员培训上，而一些中小金融机构尤其是处于内陆省份的机构缺乏这样的实力，同时业务上又面临金融科技竞争与内卷的压力，导致一些地区的金融资源出现错配，进而影响经济增长。

二是数字金融是一个新生事物，总体上仍处于突破传统金融发展模式、探索数字金融应用、与监管反复博弈的初期阶段。数字金融最早可以追溯到20世纪90年代国内互联网刚刚兴起之时，主要是以电子支付的形式存在。2013年以后，中国的互联网金融才开始崛起，众多互联网金融平台涌现。2014年智能手机迅速普及，传统金融机构和金融科技企业开始大力发展互联网银行、移动支付、互联网保险及网络借贷等。而在野蛮生长之后，2015年中国政府加强对P2P（个人对个人）借贷平台的监管，开启数字金融强监管序幕。在我们的统计期2011—2020年，数字金融发展一波三折，金融市场的波动、数字金融模式风险以及监管和政策的调整等因素，都可能对省级经济增长产生短期的冲击。

三是数字鸿沟难题。数字金融的发展是以普惠金融为目标，但同时也可能带来数字鸿沟问题，即数字技术和金融服务的不平等分布。一些内陆省份由于基础设施缺乏、数字技术普及率低等原因，在数字金融方面的发展相对东部沿海省份滞后。某些边缘群体或边远地区无法充分融入数字金融体系，导致他们无法享受到数字金融带来的机会，从而造成社会财富分配的非均等化。

（二）数字金融发展与促进经济增长的建议

一是要构建关键技术自主可控的数字金融基础设施。区块链、加密技术和区块链应用的轨迹正在超过早期的互联网应用。这次Web 3.0的崛起将影响深远，如同第四次工业革命，而且速度会更快。科技、金融等都将深度全面融合，随着时间的推移，各个领域都会发生巨大变革，包括金融大改革（数字金融、数字货币）、科技大改革（元宇宙）、艺术大改革（数字艺术）、隐私大改革（GDPR《通用数据保护条例》、信任机器）、法律大改革以及可编程经济（姜晓芳、蔡维德，2022）。在国家层面上，数字科技的发展需要构筑坚实的基础设施，有着强大数字基础设施支持的国家，凭借网络运行的时空扩展特性，将可能逐步渗透全球经济，筑就本国数字货币和国际贸易的优势地位。应主动把握主流科技与重要产业链安全，在关键技术自主可控的前提下打造新型数字基础设施，培育适合我国发展的金融数字生态。

二是构建支持创新发展的金融监管模式。监管部门应加速金融监管模式从被动监督向主动服务蝶变，强化监管对创新应用的引领、护航和孵化作用，设计包容审慎、富有弹性的创新试错容错机制。

三是鼓励金融与产业的融合。产业数字金融已经进入3.0阶段，其特点是金融机构依托物联网、大数据、区块链、人工智能、云计算等数字技术，可以"一行一策"地定制数据采集与算法模型，通过物联网布点和企业系统无缝直连，基于区块链不可篡改、可追溯的特点将每一笔资产背后交易情况数字化、透明化和可视化（黄奇帆等，2022）。数字金融的发展加速了产业链上下游企业的业务整合与空间聚集，而产业数字化也为数字金融提供了发展的空间。

四是加大内陆开放型经济省份的双向开放力度。开放型经济是一种打破地理边界、市场隔离和行政限制的，与封闭经济不同的新类型经济形态。以国内大循环为主，并不意味着不对外开放。内陆开放型经济省份应加大国内国际双向开放力度，鼓励符合国家战略发展方向的新兴产业在海外上市融资，鼓励并购、重组具有关键技术、重要能源的海外公司；大力引进和培育人工智能、互联网、超算等数字技术企业，在Web 3.0时代实现技术路线的弯道超车。

第二节　数字金融对江西高质量发展的效应及对策研究

本节中我们首先编制江西高质量发展指数体系，包括5个一级指标和19个二级指标；然后以实证的方法客观评估江西高质量发展指数的各个因子的贡献度，发现因子贡献度从大到小排序依次是：协调、绿色、创新、共享和开放因子；最后，以"北京大学普惠金融指数—江西指数"为自变量对江西高质量发展指数进行回归和建模，结果发现：数字金融对于高质量发展具有正向的边际效应。[①]

一、高质量发展指数编制方法

（一）高质量发展的深刻内涵

党的十八届五中全会在谋划"十三五"时期经济社会发展规划时，首次提出"创新、协调、绿色、开放、共享"的发展理念。创新是引领发展

---

① 本节为作者的江西省高校人文社科研究项目（JJ20117）——数字金融对江西省高质量发展的效应及对策研究成果（2022）。

的第一动力；协调是持续健康发展的内在要求；绿色是永续发展的必要条件和人民对美好生活向往的重要体现；开放是国家繁荣发展的必由之路；共享是中国特色社会主义的本质要求。新发展理念是在深刻总结国内外发展经验教训的基础上形成的，也是在深刻分析国内外发展大势的基础上形成的，集中反映了我们党对经济社会发展规律认识的深化，也是针对我国发展中的突出矛盾和问题提出来的，对于本书的研究具有指导意义。

经过对已有文献的梳理，本书认为江西高质量发展包括以下五个影响因子：

1. 创新因子。推动江西高质量发展的内核驱动力是科技和创新。随着我国劳动力红利的退减和消失，资本、土地等资源要素的边际贡献率下降，决定下一个区域经济体增长点的关键要素已变为科技和创新能力。每一次的科技革命的发展都将在技术上催生新业态、新模式；前瞻性地研究这些"新模式、新业态"未来的应用爆发点，探索江西地区如何布局新业态、新模式下的产业领域，将是属于内陆开放型经济省份当下的历史机遇和挑战。

2. 协调因子。在过去的高速增长阶段中国经济发展存在"不平衡、不协调、不可持续"的突出问题；高质量发展主要是指从"总量扩张"向"结构优化"转变。协调是持续健康发展的内在要求，至少包括两方面的内容：一方面是指经济增长结构（包括产业结构、投资消费结构、区域结构等）的优化，另一方面是指经济增长带来居民福利水平的变化，以及资源利用和生态环境代价。

3. 绿色因子。绿色发展需要建立在包括外部性在内的成本效益比较和审慎的经济分析基础上，通过制定政策加强环境保护，提高全社会的福利水平，促进可持续发展。经济学家穆拉辛格对可持续发展的定义是：

"在保持能够从自然资源中不断得到服务的情况下，使经济增长的净利益最大化。"这就要求使用可再生资源的速度小于或等于其再生速度，并对不可再生资源进行最有效率的使用，同时，碳的产生和排放速度应当不超过环境自净或消纳的速度。

4．开放因子。在经济全球化的趋势下，发展开放型经济已成为共识。在2019年"推动中部地区崛起"工作座谈会上，习近平总书记再次强调要扩大高水平开放，把握机遇积极参与"一带一路"国际合作，推动优质产能和装备走向世界大舞台、国际大市场，把中部地区品牌和技术打出去。这为中部地区扩大高水平开放提供了改革大方向。江西应继续探索与粤港澳大湾区、长三角地区和海峡西岸城市群的合作新模式，对接科技创新资源，形成交通互联、产业互补、要素互融、成果共享的协作关系。

5．共享因子。共享是中国特色社会主义的本质要求，指的是要让人民群众享有更多的发展成果、享有更多的发展获得感。"理国要道，在于公平正直"。坚持共享发展，就是要切实增进人民群众的福祉，让人民群众感受到更多来自国家和社会的公平正义，让人民共同享有改革红利、共同享有发展成果，着重解决人民群众最关心的问题，保障基本民生，实现全面建设社会主义现代化国家的目标。

（二）指标体系构建

经过对已有文献的梳理，本文认为高质量发展包括以下5个影响因子："创新、协调、绿色、开放、共享。"基于此，我们将高质量发展分为创新发展、协调发展、绿色发展、开放发展与共享发展5个一级指标，按照等权重构建，即每一个一级指数在总指数中的权重为20%。

5个一级指数又按照其理论内涵分解成若干个二级指数，从国家和省统计数据中寻找对应的指标：①创新发展指标从科技研发投入、创新产出成果来把握；②协调发展指标用城乡协调发展、产业协调发展和区域协调发展来表示；③绿色发展指标主要体现为节能减排、绿色环保的效果；④开放发展指标注重的是更好地融入全球发展，坚持"引进来，走出去"的双向开放，利用外资、对外投资和提高外贸依存度；⑤共享发展指标是指公共服务的均等化，从地方的医疗保障、受教育程度等方面体现。评价指标体系构建遵循可操作性、合理性与动态性等原则，共19个二级指标，详见表3–9。

部分指标的运算解释如下：

1. 产业结构合理化：用泰尔指数来衡量产业结构合理化的指标，其值越小，表明产业结构越合理，是一种负向指标。其公式如下：

$$TL = \sum \left(\frac{Y_i}{Y}\right) In(\frac{Y_i}{L_i} / \frac{Y}{L})$$

其中，TL表示产业结构合理化，Y表示地区生产总值，L表示就业人数，i表示产业，i=1，2，3。

表3–9 江西高质量发展一级指标与二级指标

一级指标	二级指标	类型
A1： 创新指标	A11：R&D人员全时当量（人／年）	+
	A12：人均R&D经费支出（元／人）	+
	A13：研发经费占GDP比例（%）	+
	A14：人均专利授权量（项／万人）	+
B1： 协调指标	B11：人均GDP地区间差距	–
	B12：产业结构合理化	–
	B13：城乡收入差距（泰尔）	–
C1： 绿色指标	C11：单位GDP碳排放量（吨／万元）	–
	C12：单位GDP能耗	–
	C13：城市建成区绿化覆盖率（%）	+

一级指标	二级指标	类型
D1： 开放指标	D11：实际利用外资占GDP比（%）	+
	D12：外贸依存度（%）	+
	D13：非金融类对外投资占GDP比（%）	+
	D14：对外承包工程合同金额占GDP比（%）	+
	D15：接待国际旅游人数（万人）	+
E1： 共享指标	E11：死亡率（%）	−
	E12：每千人床位	+
	E13：高等教育毛入学率	+
	E14：居民人均收入	+

2．城乡收入差距：用泰尔指数度量，其值越小，表明城乡差距越小，是一种负向指标，计算公式如下：

$$C_j = \sum \left(\frac{S_i}{S} \right) In \left(\frac{S_i}{L_i} / \frac{S}{L} \right)$$

其中，C_j表示城乡收入差距，S表示城乡收入，L表示城乡人口数量，i表示城乡，$i=1$，2。

3．外贸依存度：省域进出口总额占GDP比，其值越高，表明经济开放程度越高，是一种正向指标。

（三）数据来源与处理

研究区间为2011—2020年，原始数据来源于《中国统计年鉴》《中国科技统计年鉴》《中国城市统计年鉴》《中国农村统计年鉴》《中国环境统计年鉴》《中国能源统计年鉴》《江西省统计年鉴》、国家统计局、江西省信息中心、中国人民银行南昌中心支行网站、万德数据库等。考虑到物价等因素的影响，以2010年为基期对部分数据进行平减。由于选取的指标单位各异，这就需要对原始数据进行标准化处理，对于正向指标的标准化处理按照公式（4）所示，负向指标的标准化处理按照公式（5）所示。

$$Z_{i,j} = \frac{Z_{i,j} - X_{min}}{X_{max} - X_{min}} \qquad (4)$$

$$Z_{i,j} = \frac{X_{max} - Z_{i,j}}{X_{max} - X_{min}} \qquad (5)$$

其中：i表示选取的各项指标，j表示各地区；$Z_{i,j}$表示第i项指标j地区标准化之后的值；X_{max}与X_{min}分别表示样本期间第i项指标中的最大值与最小值。

二、高质量发展指数构建及分析

结合上文分析，以下通过确定权重、高质量发展时序分析等，来探讨、研究江西省高质量发展综合水平指数及其特征变化。

（一）确定高质量发展指数权重

在计算高质量发展综合水平指数之前，需要对标准化之后的数据进行指标赋权，那么权重的确定方法就显得尤为重要。确定权重的方法主要有菲尔普斯法（专家评议法）、层次分析法、变异系数法与熵值法等。熵值法可以通过实际数据得到指标的最优权重，能够较为深刻地反映指标信息熵的效用价值（孟德友等，2012），较菲尔普斯法和层次分析法具有更高的客观性，较变异系数法具有更大的合理性。对于5个一级指标，从理论逻辑的角度我们认为其重要性难以区分高下，于是按照等权重构建；二级指数即19个细分指标的权重，以熵值法作为确定指标权重的方法。

（二）经济高质量发展时序分析

对指标完成赋权之后，采用线性加权法对高质量发展综合水平指数进行测度，公式如下：

$$Z = \sum_{i=1}^{n} \omega_i \times Z'_i$$

其中，Z表示高质量发展综合水平指数，Z'_i为一级指数值，ω_i为一级指数权重。据此得到江西高质量发展总指数与一级指数的走势。

三、江西高质量发展指数的因子贡献度

首先，我们计算样本期（2011—2020）江西高质量发展指数的因子贡献度。方法是以江西高质量发展总指数为100%，以各因子统计期的年平均值占发展指数的比重，来考察各因子的贡献度，结果如表3-10所示。

表3-10　江西高质量发展指数的因子贡献度（2011—2020）

	因子	因子贡献度
1	A1：创新	18.40%
2	B1：协调	25.59%
3	C1：绿色	21.79%
4	D1：开放	16.33%
5	E1：共享	17.89%

（一）协调、绿色因子对高质量发展的贡献度较高

我们发现因子贡献度从大到小排序依次是：协调、绿色、创新、共享和开放因子。其中，协调因子的贡献度最高，为25.59%，经分析，得益于江西近年来在缩小三大产业差距和城乡差距，以及纾解贫困方面的努力，协调指数在2017年之后走出了向上、快速发展轨迹，表明这之后江西的城乡收入差距大、产业结构不协调等情况有所好转，并对江西整体的高质量发展产生了促进作用。

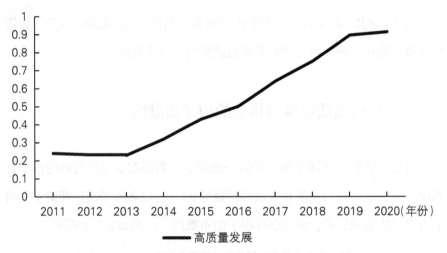

图3-1 江西高质量发展总指数表现（2011—2020）

仅次于协调发展因子，绿色因子对于高质量发展的贡献度居第二，为21.79%，实证分析的结果也印证了现实江西的情况：江西的绿色产业在全国处于前列，如江西的绿色金融发展综合指数位居全国第四，是全国两个之一、中部唯一的同时拥有国家级绿色金融和普惠金融改革试验区的省份；城乡绿化率、显山露水和美丽乡村建设等许多方面在全国处于前列。

（二）共享、开放因子对高质量发展的贡献度较低

测算发现，共享和开放因子对江西高质量发展的贡献度偏低，分别仅为17.89%、16.33%。

为了进一步分析，我们再把指标的贡献度拆细来看，发现如下情况：

共享因子中的医疗（每千人床位）和高等教育毛入学率贡献率最低，表明江西作为中部地区省份在医疗和高等教育方面的资源，还远不能完全满足江西人民高质量发展的需求。

开放因子中的非金融类对外投资占GDP比，和外贸依存度的贡献率较低。究其原因，江西是制造业大省，参与国际投资的机会少，第二产业与金融服务业（如并购重组）的融合交叉不多，至少在过去十年中，对外投资确实是江西的弱项；外贸依存度低表明江西经济依赖于对外贸易的程度较低，立足于国内大循环，参与国际大循环的程度还远远不够。从统计期（2011—2020）来看，外贸依存度指标不高影响了江西高质量发展指数的表现。

不过，这个结果存在统计数据滞后的问题。"十四五"期间，江西持续推进赣欧班列、铁海联运稳定开行，开通"深赣欧"（深圳—赣州—杜伊斯堡）跨境班列。全省外贸进出口总额从2012年的2108.6亿元，增长到2021年的4980.4亿元，增长136%，进出口总额在全国占比由0.86%提升至1.27%，江西省的外贸依存度达16.8%，位列中部第一，外贸进出口成为促进双循环的主力军。其他因子的贡献度分解数据参见表3-11。

表3–11　江西高质量发展指数因子贡献率细分（2011—2020）

一级指标	二级指标	因子贡献度
A1： 创新指标	A11：R&D人员全时当量（人/年）	2.23%
	A12：人均R&D经费支出（元/人）	3.73%
	A13：研发经费占GDP比例（%）	9.75%
	A14：人均专利授权量（项/万人）	4.29%
B1： 协调指标	B11：人均GDP地区间差距	6.08%
	B12：产业结构合理化	5.78%
	B13：城乡收入差距（泰尔）	8.14%
C1： 绿色指标	C11：单位GDP碳排放量（吨/万元）	11.68%
	C12：单位GDP能耗	4.31%
	C13：城市建成区绿化覆盖率（%）	4.01%
D1： 开放指标	D11：实际利用外资占GDP比（%）	5.81%
	D12：外贸依存度（%）	2.86%
	D13：非金融类对外投资占GDP比（%）	2.48%
	D14：对外承包工程合同金额占GDP比（%）	5.62%
	D15：接待国际旅游人数（万人）	3.22%
E1： 共享指标	E11：死亡率（%）	7.74%
	E12：每千人床位	2.30%
	E13：高等教育毛入学率	2.83%
	E14：居民人均收入	7.13%

四、数字金融对江西高质量发展指数的边际分析

（一）江西省数字金融指数数据说明

课题组使用的江西省数字金融指数数据采自北京大学数字普惠金融指

数数据（郭峰等，2020）。北京大学数字普惠金融指数的编制者利用中国代表性数字金融机构支付宝数以亿计的微观数据，编制了一套2011—2018年"北京大学数字普惠金融指数"。该指数刻画了中国不同地区数字普惠金融的发展趋势，包括了数字金融覆盖广度、金融数字化水平和应用深度分指标。

图3-2显示了江西省数字金融总指数与一级指数的走势，其中，digital-finance表示江西数字金融发展指数，coverage为江西数字金融覆盖广度指数，level为江西金融数字化水平指数，depth为江西数字金融应用深度指数，payment为江西数字化支付指数。

表3-12　江西省数字金融总指数与分指数的统计特征

指标	江西数字金融指数	数字金融广度分指数	数字金融水平分指数	数字金融深度分指数
Mean	209.8732	178.742	290.918	221.849
Median	216.0527	179.825	332.73	203.235
Maximum	340.6109	316.14	400.97	353.23
Minimum	29.74	13.97	36.21	54.82
Std. Dev.	100.8599	100.551	125.7117	94.99658
Skewness	−0.38937	−0.2002	−0.99490	−0.197855
Kurtosis	2.106021	1.90449	2.699791	2.006694
Jarque-Bera	0.585686	0.56685	1.687276	0.476352
Probability	0.746139	0.7532	0.430143	0.788064
Sum	2098.732	1787.42	2909.18	2218.49
Sum Sq. Dev.	91554.45	90995.1	142231	81219.16
Observations	10	10	10	10

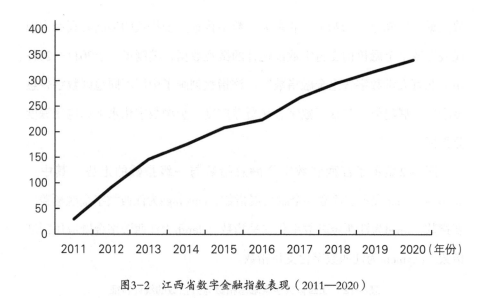

图3-2 江西省数字金融指数表现（2011—2020）

（二）数字金融效应的实证分析

首先，我们对原时间序列数据进行取对数处理，在时间序列数据通过平稳性检验之后，采用最小二乘法回归，以江西数字金融指数为自变量对江西高质量发展指数进行回归分析：

因变量 1：高质量发展指数

以江西数字金融为自变量对江西高质量发展指数的回归分析中，估计值的显著性概率值（prob）接近于0，系数是显著的；R方数据表示的回归拟合度达到80%，表示自变量能够解释因变量的程度较高；边际影响系数为0.71，即江西数字金融发展程度每增加1个百分点，对于高质量发展能够产生0.71个百分点的促进效果。

因变量 2：协调发展指数

以江西数字金融为自变量对协调发展指数的回归中，估计值的显著性概率值接近于0，系数同样显著；回归拟合度达到81%；边际影响系数为

0.53，即江西数字金融发展程度每增加1个百分点，对于协调发展产生0.53个百分点的边际效果。

因变量3：创新发展指数

以江西数字金融为自变量对创新发展指数的回归中，估计值的显著性概率值为2.8%，系数比较显著；但回归拟合度47%，效果一般。

因变量4：开放发展指数

以江西数字金融为自变量对开放发展指数的回归中，估计值的显著性概率值接近于0，系数非常显著；回归拟合度也是几个回归方程中最高的，达到84%；江西数字金融对于经济开放的边际影响系数也较高，每增加1个百分点，经济开放指数产生0.86个百分点的边际效果。

表3-13 以数字化金融指数为自变量对开放型经济指数的回归分析结果

变量	系数	标准差	t-统计量	Prob.	R^2	Adjusted R^2
因变量1	江西高质量发展					
C	−4.478	0.63923	−7.0052	0.0001	0.80794	0.783933
数字金融	0.71085	0.1225	5.8012	0.0004		
因变量2	协调发展					
C	−3.289648	0.469438	−7.007634	0.0001	0.810323	0.786613
数字金融	0.526072	0.089987	5.846106	0.0004		
因变量3	创新发展					
C	−6.15003	1.942595	−3.16589	0.0133	0.471137	0.405029
数字金融	0.994099	0.372377	2.669603	0.0284		
因变量4	开放发展					
C	−5.49331	0.684986	−8.01958	0	0.843023	0.823401
数字金融	0.860655	0.131305	6.554604	0.0002		

经过实证分析，课题组发现：以江西数字金融指数对江西高质量发展

总指数及各一级指数的回归分析中，估计值的显著性概率值（prob）均接近于0，系数结果显著；除了创新作为因变量的回归方程R^2拟合度较低，其余R^2均超过80%，自变量能够解释因变量的程度较高；江西数字金融对于开放发展、高质量发展、协调发展三个变量的边际影响系数分别为0.86、0.71、0.53，且均为正向，表明数字金融对于以上三项指标均有积极的边际影响，且对于区域开放的边际影响程度最高。

五、江西省数字金融发展现状

江西正处在由高速发展向高质量发展的关键转型期，数字金融在推动江西产业融合发展、产业数字化转型方面，有着不可替代的作用。这里从数字金融惠农、支持小微企业发展、江西制造向"智造"转型升级和数字技术支持绿色金融四个方面，对江西数字金融发展现状进行描述。

（一）数字科技助力江西金融惠农服务

农村金融服务是一个世界性的难题，在江西这个内陆省份矛盾尤其突出。除了客户规模小且分散，信息不畅和缺乏抵押资产等困难，还存在过度的管制与扭曲，比如准入的限制、借贷利率的约束和金融机构治理结构的扭曲等，不但影响了农村金融服务的质量，也减少了服务的供给，加剧了农村金融的供求矛盾。

而数字金融通过将数字技术与传统金融服务业相融合，提升金融服务质效，突破了传统金融服务群体的局限，拓宽了金融覆盖面，减少了金融服务成本，超越了时间和空间的限制，解决了长尾人群缺乏金融服务的困境。数字金融利用其数字技术创新，满足农村多元化、个性化的金融服务需求，实现了"金融惠农"与"精准服务"的有机统一，服务江西农村发展和乡村振兴。

为了解决农村信息不通问题，江西省着力构建农村普惠金融信息平台。中国人民银行南昌中心支行联合江西省农业农村厅、财政厅、乡村振兴局等六部门，印发《关于深入推进农村信用体系建设助力乡村振兴的通知》，搭建农村经营户信用信息联网核查平台，解决"三农"信息不对称的问题，共享涉农政府部门7大涉农信息数据、26个数据种类、96个数据项，打通涉农金融机构经授权核查涉农信息的渠道；为全省农村经营主体建立信用名片，有效缓解金融支农领域的信息不对称难题。江西金融机构在萍乡、鹰潭、九江、上饶等地试点应用，江西省农村信用社联合社、江西省富民村镇银行等纷纷开发"富民贷""农裕贷"等多项农村普惠金融产品。截至2021年末，试点地区累计支持 2.1万户农村经营户，授信14.4亿元。

江西辖内银行积极探索"数字科技+农村金融"模式。例如，江西首家民营企业裕民银行专门设立了乡村振兴金融部，依托科技金融填补县域农村金融服务空白。首家农村普惠金融服务站在吉安市峡江县正式设立运行。通过科技手段实现了线上与线下融合，让农民足不出村即可办理助农取款、转账汇款、业务查询、代理缴费、小额信贷等"一站式"金融业务，基本实现了"基础金融服务不出村、综合金融服务不出镇"，满足了当地农村居民的金融服务需求。围绕农村居民生产消费特点，裕民银行推出了"农裕贷"农户信用贷款产品，具有"线上申请、无需担保、实时审批、快速放款、循环使用、随借随还"等特点。

（二）发展数字化银行支持江西小微企业

数字技术对银行的作用，不仅限于帮助银行改造自身的业务与转型升级，更重要的是可以帮助银行更好地服务企业和居民，特别是那些在传统非数字时代很难照顾到的民众和小微企业等长尾客户。在传统信贷决策模式下，小微企业缺少可抵押的资产和征信信息，因此在信息不对称的情况下，银行很难向其供给足够的信贷。而在数字时代，银行纷纷开始使用互联网和大数据技术，开发针对性的信贷产品，更好地服务小微企业。

仍以裕民银行为例，其创新推出了线上化、智能化的小微经营贷产品——"商裕贷"，具有"线上申请、快速审批、循环额度、随借随还"等特点。授信审批以大数据风控技术为基础，采用风险模型自动审批或人工介入审批的审批模式。该产品从申请至审批完成平均在3分钟以内，系统处理时间平均为30秒，极大提升了客户体验。2021年"商裕贷"总授信金额9.66亿元、放款总额9.64亿元。城商行江西银行以科技助推普惠金融数字化转型，打造"平台化、多样化"的线上普惠产品体系，建设"江银普惠融资服务平台产品集市"，率先发放了江西省第一笔"流水贷"业务。针对存量的普惠产品"微企贷""江银优贷"等，进行智能风控场景化、智能审批线上化升级改造，提升普惠服务质量。

（三）数字金融支持江西制造业转型

1. 产业园区致力于"数字＋金融＋产业"融合

2021年，江西首家数字金融产业园——赣州数字金融产业园以"数字+金融+产业"为理念，以普惠金融、绿色金融、数字金融为抓手，打造金融特色产业集聚核心，服务实体经济，涵盖金融科技、股权投资、类金融、第三方服务等多种业态。例如，赣州微用科技有限公司是数字金融产业园的首批入驻企业，作为产业数字化全链条解决方案服务商，该公司提供全价值链的数字化增值服务和系统集成解决方案服务，助力企业数字化转型和商业创新，驱动业务持续增长，将为一、二、三产企业发展联动带来更多的价值。

2. "区块链 + 供应链"技术赋能江西"智造"

江西金融系统创新性地开展"金融保链强链"行动，支持江西制造业向"智造业"的升级转型。江西金融系统聚焦重点领域，加大对产业链、供应链等重点领域的支持，聚焦江西"2+6+N"产业高质量跨越式发展，推动省14条重点产业链上3614户企业获得融资3307亿元。作为江西省唯一一家省级法人银行的江西银行自2015年12月成立以来，不断发力数字供应链金融，运用"区块链+供应链"技术，通过"云企链""双胞胎贷"等供应链产品，积极对接有色金属、电子信息、绿色食品等江西省重点产业链，进一步向产业链上下游环节延展，精准滴灌小微客户发展，所创新的"区块链+供应链助力小微企业融资提质扩面"项目方案，已入选2021年江西省数字经济典型案例。

（四）数字金融助力江西绿色金融领先

江西金融机构不少绿色金融的数字化实践走在全国前列："畜禽智能洁养贷""林农快贷"等十余款首创性绿色信贷产品广受好评；制定全国首个绿色票据标准和认证规范，发布全国首个绿色市政债标准研究成果，填补了国内绿色市政债券发行规范的空白。

本土信托中航信托推出了国内首个碳中和信托产品和首批中长期碳中和资产支持票据；裕民银行为林业碳汇产业链企业、绿色建筑企业等开辟贷款绿色通道。

江西境内所辖四家法人城商行发行绿色金融债180亿元，规模居全国前列。推进地方法人城商行环境信息披露工作，江西省成为全国首个法人城商行环境信息披露全覆盖省份。江西成为全国两个之一、中部唯一的同时拥有国家级绿色金融和普惠金融改革试验区省份。

六、数字金融支持江西高质量发展的对策建议

（一）明确江西数字金融产业发展定位

明确数字金融为江西高质量发展的战略支撑点之一，以科技平台实现产融互联的策略，以数字科技为核心驱动区域金融一体化水平的提高。以江西省金融科技产业园建设为抓手，以赣州数字金融产业园为试点，推动区块链、大数据、云计算、人工智能及物联网等数字科技在金融产业广泛应用，创新对新业态、新模式、新主体的金融支持，将江西省打造成为中部地区领先的数字金融中心。

（二）加大江西双向开放力度

以国内大循环为主，并不意味着不对外开放。江西虽是制造业大省，但在利用外资、对外投资以及外贸依存度方面仍存在不足。江西应加大国内国际双向开放力度，鼓励江西符合国家战略发展方向的新兴产业在海外上市融资，鼓励并购、重组具有关键技术、重要能源的海外公司；发挥江西省长江经济带节点城市和九江港等长江天然良港的区位优势，大力提升江西外贸依存度，将江西的商品贸易辐射到全国，进而辐射到全球。

（三）"数字金融+N"，助力江西高质量发展

要大力发展江西现代金融业，加快银行、证券、信托等金融机构的数字化转型，鼓励金融机构技术创新、商业模式创新，以便捷、低成本和适应市场的方式，为农民、小微企业、边远地区提供普惠服务；充分利用好"数字金融+N"的方式，助力江西高质量发展。以"数字金融+惠农惠民"支持乡村振兴，以"数字金融+一、二、三产业"促进产业融合，以"数字金融+人工智能+智慧医疗"补齐城乡医疗短板，以"数字金融+人工智能+教育"推广文化教育，共同推动江西改革开放成果的社会共享。

（四）积极争取江西数字人民币试点城市

我国央行对数字法币的研究较早。数字人民币（e-CNY）是由中国人民银行发行的数字形式的法定货币，由指定运营机构参与运营并向公众兑换，以广义账户体系为基础，支持银行账户松耦合功能，与纸钞硬币等价，具有价值特征和法偿性，支持可控匿名。人民银行于2016年即开始数字人民币研究。2019年10月24日，习近平总书记在中央政治局第十八次集体学习时，强调区块链基础研究要走在理论最前沿，占据创新制高点，利用区块链技术探索数字模式创新。而区块链也正是数字法币的底层基础构架技术。

2019年末，数字人民币开始试点，在十个城市及2022年北京冬奥会场景展开，应用场景包括数字人民币绿色出行、低碳红包等。2020年8月，商务部印发《全面深化服务贸易创新发展试点总体方案》，在"全面深化服务贸易创新发展试点任务、具体举措及责任分工"部分提出：在京津冀、长三角、粤港澳大湾区及中西部具备条件的试点地区开展数字人民币

试点；人民银行制定政策保障措施；先由深圳、成都、苏州、雄安新区等地及未来冬奥场景相关部门协助推进，后续视情况扩大到其他地区。截至2021年12月31日，数字人民币试点场景已超过808.51万个，累计开立个人钱包2.61亿个，交易金额875.65亿元。

在中部地区省份中，江西是开展数字经济较好的地区，数字经济为经济社会持续健康发展提供了强大动力。江西省委、省政府积极抢抓数字经济发展机遇，把数字经济发展作为全省深化改革中具有战略性引领性突破性的关键工作、头等大事来抓，加快打造全国数字经济发展新高地。根据最新公布的《江西省数字经济发展白皮书（2022年）》，2021年江西数字经济加速发展，数字经济发展动能更加强劲。2021年，江西省数字经济增加值达10378亿元，首次迈入万亿大关，同比增长19.5%，高于地区生产总值增速10.7个百分点。

鉴于此，江西的主要城市尤其是数字经济发展处于前列的南昌市，具有申请成为数字人民币试点城市的客观条件，应鼓励争取数字人民币试点资格，以数字人民币的使用带动全省数字金融的进一步发展。

第四章

传统金融面临挑战

第一节 金融史回顾

回溯历史，金融业在基本面分析之后发展出其他的分析工具，"技术"分析就是第二个最为古老的分析方式。这是一种识别真假模式的技巧——通过对价格、交易量和指示图的大量研究来寻找买或卖的线索。例如蜡烛图，又称日本线、K线，该技术源于日本德川幕府时代（1603—1867年）的米市交易，用来计算米价每天的涨跌，后来把它引入股票市场价格走势的分析中。"图表分析师"的语言是丰富的：头和肩、旗形和楔形、三角形（对称型、上升型或下降型）。这一方法在20世纪80年代很不受重视，但是到了20世纪90年代以后，数以千计的初学者通过在互联网上交易股票和交换观点，对此进行了拓展。而在货币市场上，它的确获得巨大发展。所有主要的外汇交易机构都会雇用技术分析师，他们从世界上最大、最快速市场的每一单位数据中寻找"支撑位""交易区间"及其他形态。英镑或美元的报价的确可以与技术分析师的结果趋近，然后像碰到一道坚固的压力位，或者像井喷一样急速攀升。

但这是一个构建在海市蜃楼的信心游戏：每个人都知道其他人也了解这个支撑位，所以他们据此下注。这被挪威的基金经理兼心理学家拉斯·特维德解释为一种市场现象——"图形的自我实现"。如果许多人在相同的图形上画着相同的线，并且输入装有相同决策软件的计算机中，则其效果是自我强化的。大量的资金在这样的基础上得以换手，令人难以置信。这也许偶尔能奏效，但并不能成为建立全球风险管理体系的基础。

我们所称的真正的"现代"金融学的出现源于随机数学和统计学。它的根本理念是：价格是不可预期的，但是它们的波动可以用随机性数学法则来描述。因此，风险是可测也是可控的。金融领域的研究始于1900年，一位年轻的法国数学家路易斯·巴舍利耶（Louis Bachelier）开始大胆研究金融市场。追溯到17世纪，帕斯卡（Pascal）和费马（Fermat）创造了概率论，以支持一些赌博的贵族的需要。1900年，巴舍利耶放弃了基础分析和技术分析，相反，他通过将概率论拓展到法国政府债券，而在这一理论上掀起一波新热潮。他建立了通常被称作"随机游走"的关键模型，实际上与帕斯卡和费马的概率论很接近。这个理论假定：价格的上涨或下跌有相同的概率，就像抛一枚公平的硬币会出现正面或反面一样。那么，价格的变化究竟可以在多大程度上测量呢？我们需要用一个数学上用来衡量数据离散程度的标准——"标准差"来说明。在一倍标准差范围内，68%的数据在平均数左右小幅波动；而在两倍标准差范围内，则有95%的数据；当到了三倍，则变成了98%。最终，只有极少数的变化是很大的，这一点将会被证明是非常重要的，如果你把所有这些价格的变化在一张条形统计图中表示出来的话，会形成一个钟的形状：由大量的微小变化量组成的群在钟的中心，而那些变化很大的则在边缘。

这个钟形对于数学家来说属于已知范畴，它被称为"正态"分布，意味着其他形状都是"非正态"的。这是概率分布的一个常见领域，后来以德国数学家卡尔·弗里德里希·高斯的名字命名。巴舍利耶的著作在1964年被译成英文并出版，从那时便发展出了现代经济学和金融学的一个庞大体系。1952年马科维茨（H. M. Markowize）的"均值-方差"组合理论，被视为现代金融理论的开端。1964年，在均值-方差模型的基础上，约翰·林特纳（John Lintner）、威廉·夏普（William Sharpe）和简·莫辛

（Jan Mossin）提出了资本资产定价模型（CAPM），揭示了当投资者严格按照均值-方差模型持有证券组合进行投资管理时，资本市场价格是如何形成的。

巴舍利耶思想的一个主要扩展就是"有效市场假说"。这个假说认为在一个理想的市场中，所有相关的信息都会反映到今日证券的价格中。一个直观的可能性是，昨天的变化不会影响到今天，而今天的变化也一样不能影响到明天。任何一个价格变化与上一个都是"独立的"。法玛（F. Fama）在1970年提出了有效市场假说（EMH），假定投资者能够对可获得信息迅速做出无偏估计，并且资产价格能够反映所有的公开信息。在有效市场假说的基础上，金融学家发展出一个非常详尽精巧的用来分析市场的工具箱。它可以用来研究不同证券的变化及 β 值，然后根据投资组合可能的风险进行分级。根据这套理论，基金经理可以建立一个"有效的"组合，并在他希望的风险程度上获取特定的回报。1976年，投资组合理论又有了新发展，斯蒂芬·罗斯（Stephen Ross）在因素模型基础上，提出了套利定价理论（Arbitrage Pricing Theory，APT）。此后，布莱克、舒尔斯和默顿提出期权定价理论（Option Pricing Theory，OPT）。投资者可以用现代金融工具来构建证券的组合，改变股票、债券或是现金的比例。如果股东想不付给雇员更多工资又能奖励他们，就可以用这些金融工具设计出一种雇员股票期权计划。与此同时，Modigliani和Miller还研究了公司融资、投资、并购和股利分配等对公司价值的影响，提出著名的MM定理，目前仍是奠定金融学科发展基础的必备理论。

由此，现代金融学以有效市场假说作为理论基础的框架基本完成。经典金融理论是精美却内含瑕疵的，就像那些经历了20世纪90年代以来世界经济的飞速发展又从2008年瞬间破灭的"次贷"危机中走过的人所看到的一样。现代主流的金融理论都是在巴舍利耶的两个关键假设基础上建立起来的：①价格的变化在统计上都是独立的。②它们都服从正态分布。当然，现在许多金融学家都已经认识到事实并非如此。随着金融市场与金融理论的相继发展，尤其是20世纪尾声中金融心理学、行为金融学、分形理论等金融学分支学科的崛起，现在它又面临着巨大挑战。

首先，价格的变化不是互相独立的。各种研究显示，很多金融领域的价格都存在"记忆"。今天确实会影响到明天，如果价格现在上下大幅度跳跃，那么就有很大的可能性明天仍然这样激烈地波动。这不是统计学家喜欢的循规蹈矩的、可测的一个方式，也不是教科书中所描绘的那种随着经济的繁荣和崩溃而出现的周期性的上升和下降的标准商业循环。诸如过去与现在价格之间的周期性联系的这种简单类型的例子，早已引起人们的注意。比如，伴随收获时节来临的小麦期货价格的季节性波动，或者伴随全球范围内的交易日推移，外汇交易量所呈现的每日和每周趋势。

其次，与传统的理论相反，价格的变化远没有遵从钟形曲线。如果它们是这样的，那么你应该可以通过电脑管理任何市场的价格记录，分析它们的变动，观察它们落在以巴舍利耶的随机游走为假设的近似的"正态"中。它们应该是由那些没什么变动的中间数、平均数组成的集合，而实际上钟形曲线非常不符合现实。

回顾现代金融理论的发展，它已经逐步从学术领域走向华尔街的实践，依据这些经典理论衍生出像股票指数基金、期货、执行股票期权、共同资本预算、银行风险分析和世界上很多我们今天熟知的金融工具。但一些敏锐的学者和投资专家指出，"价格不会符合钟形曲线而且也不是独立的"，如1916—2003年，道琼斯工业指数的每日变动，如果展开在图纸上，并不是一个简单的钟形曲线，而是很远的边缘张开很高，有着太多的大变化（按照术语就是所谓的"尖峰厚尾"特征）。根据理论道琼斯工业指数应该有58天的变动超过了3.4%，实际上市场有1001天达到这个标准；理论预计有6天的指数变动超过4.5%，事实上有366天。而超过7%的波动每30万年才会有一次，但在20世纪像这样的日子就有48天。[①]

著名的成功投资家和实业家沃伦·E.巴菲特（Warren E. Buffett）也开玩笑地说，他愿意向大学商学院资助有效市场假说领域的教席，以便教授们能培养出更多被误导的金融家，这样他就可以赚他们的钱。他说有效市场假说理论很"愚蠢"，而且很显然是错的。但是，有效市场假说目前仍然是经典金融理论的支柱之一，下面我们就对它进行介绍。

第二节　有效市场假说

一、有效市场假说

（一）有效市场理论的发展

研究有效性问题最初从研究市场价格的随机游走行为开始，最早可以追溯到19世纪George Gibson（1889）出版的《伦敦、巴黎和纽约的股票市场》，巴舍利耶（1900）的论文《投机理论》也有所涉及。特别是，巴舍利耶经过对法国商品价格的实证研究发现：价格呈随机波动，第二天商品价格的期望值与今天实际价格的差额为0。1953年，英国统计学家Kendall

---

① ［美］贝努瓦·B.曼德尔布罗特、理查德·L.赫德森：《市场的（错误）行为：风险、破产与收益的分形观点》，中国人民大学出版社2017年版，第7—13页。

研究了19种英国工业股票价格指数和芝加哥、纽约商品交易所的小麦和棉花随机价格变化的时间序列，发现其序列就像随机漫步一样，价格不存在某种确定性规律。1959年，Roberts研究证实股价变动呈现"随机行走"规律。

随后，萨缪尔森和曼德尔布罗特在1965年和1966年通过大量的实证研究，系统性地提出了有效市场期望收益模型中的"平等游戏"准则。1970年，法玛在系统性地总结有关有效市场研究的基础上，提出了研究有效市场较为完整的理论框架，并获得2013年诺贝尔经济学奖。随着有效市场假说的不断完善与发展，其最终成为现代金融经济学的理论支柱之一。

（二）有效市场的定义与分类

有效市场假说（Efficient Market Hypothesis，EMH）的理论基础由三个逐渐弱化的假设组成：第一，假设投资者是理性的，因此投资者可以理性评估资产价值。第二，尽管有些投资者不是理性的，但由于他们的交易随机产生，交易或将相互抵消，不至于影响资产的价格。第三，即使投资者的非理性行为并非随机而是具有相关性，他们在市场中也将遇到理性的套期保值者，后者将消除前者对价格的影响。

首先，EMH是理性投资者相互竞争的均衡结果。当投资者是理性的，他们能准确地将资产价格定为其基本价值。当投资者获得关于基本价值的任何信息，他们将根据已经获得的信息（即使是少量信息）积极交易。这样一来，他们就把信息迅速融入价格，同时消除了使他们产生行动的获利机会。如果这种现象与市场无摩擦、交易无成本的理想条件同时发生，价格必然反映所有信息，投资者将不会从基于信息的交易中获利。第二个假设提出，EMH并不因为投资者的理性假设不成立就不成立。在许多情况下，虽然部分投资者非完全理性，但市场仍然是有效的。这是因为非理性投资者的交易是随机的。如果存在大量的非理性投资者，而且他们的交易行为是不相关的，他们的交易很可能相互抵消。在这样的市场中，非理性投资者相互交易，交易量即使很大也不影响资产价格。

第三个假设是根据投资者之间的交易相关性提出的。第二个假设的前提条件是非理性投资者的交易策略之间不具备相关性。EMH理论认为，在投资者的交易策略相关时该理论也成立。这就引出了第三个假设：套期保值（arbitrage）对非理性交易者具有抵消作用。套期保值是指"在两个不同的市场以有利的不同价格同时购买和出售相同的（或本质上相似的）资产"（Sharpe and Alexander，1990）。假设某股票的价格由于非理性投资者的相关购买行为而高于基本价值，聪明的投资者一旦发现这一事实，就会出售甚至卖空该股票而同时买入一个近似替代资产来规避风险。可替代资产的存在性和完全市场假设紧密联系，这对套期保值十分重要，因为它允许投资者从不同的金融资产中获得相同的现金流。[①]

许多学者都定义过有效市场的概念，法玛（1970）定义了资本市场的有效性。如果股票市场利用了所有可获得信息，并且y-1期的股票价格取决于y时期所有股票价格的概率分布，则股票市场是有效的。

法玛根据罗伯茨（1967）对资产定价有关的信息分类，将市场效率划分为三种水平：

·强式有效市场（Strong-form Efficiency Market）

市场有效性的最高层次。现时证券市场价格反映所有公开或未公开的信息，任何投资者都不可能利用内幕消息获得超额收益。

---

① 宋军、吴冲锋：《从有效市场假设到行为金融理论》，《世界经济》2001年第10期，第74—80页。

· 半强式有效市场（Semi-Strong-form Efficiency Market）

在该市场中，现时市场价格反映了所有有关的公开信息，包括所有的历史信息以及上市公司生产经营管理方面的基本情况、技术情况、产品情况、各种财务报告、宏观经济情况报告等，没有人能够通过对这些公开信息的分析获得超额收益。

· 弱式有效市场（Weak-form Efficiency Market）

最低层次的有效市场。在弱式有效市场中，资产价格只反映了与资产价格变动相关的历史信息，包括短期利率、价格波动性等。投资者不能借助任何分析工具从历史信息中赚取超额收益。市场有效性分类的关系如图4-1所示。

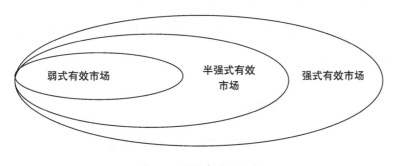

图4-1 市场有效性分类

二、对有效市场理论的挑战

有效市场假说的理论自20世纪60年代以来，无论在理论还是在实证检验方面，都取得了巨大成功。直至20世纪70年代末，股票市场的大量数据依然能证实该理论的正确性。但是，到了20世纪80年代，有效市场假说在解释金融现象方面遭遇了许多尴尬，比较著名的有：

（一）股票收益的可预测性

根据弱式EMH观点，投资者不能利用过去的价格信息获得超额收益，但是德邦特和塞勒（De Bondt，Thaler，1985）发现在股票市场中存在"输者赢者效应"，长期收益"反转"现象，即过去长期赚钱的股票组合在随后的3～5年的表现平均来说比过去长期亏损的股票组合差；杰加德什和提特曼（1993）研究了单只股票过去6～12个月价格的走势，发现未来存在仍向同方向变动的"惯性现象"；Hou（2006）研究指出：在行业内部信息的逐步扩散，导致大公司和小公司股票收益呈现出明显的"领先—滞后效应"；Hong（2007）实证研究发现：在美国股票市场中，整个市场的未来走势可以通过特定行业股票价格的变化趋势来预测；等等。显然，这些证据都有力地反驳了EMH关于"投资者无法利用过去的价格变动信息来获得超额收益"的推断。

（二）股价波动的异常性

如果市场是有效的，那么关于股市的任何好或坏的信息的发布，都会引起股市上涨或下跌。但在1987年10月19日的"黑色星期一"，没有任何不利的信息发布，道琼斯工业指数却下跌了22.6%，创下了当时单日跌幅最大纪录。Culter et al.（1991）分析了"二战"后50家单日股价波动最大的公司，发现股价波动与信息的变化无关。Wurgler和Zhuravskaya（2002）对1976—1996年入选标准普尔500指数的股票进行研究，发现入选指数后股票收益上涨了3.5%，但事实上入选500指数并不是公司基本面的新信息。

（三）违背一价定律

按照有效市场理论，相同的资产在剔除交易成本和信息成本后应按照相同价格出售，这就是一价定律。典型的有皇家荷兰和壳牌孪生证券事件。两家公司分别位于荷兰和英格兰，1907年组成战略联盟，在保留各自实体的基础上按60：40股权比例进行合并，理论上皇家荷兰的价格应该是壳牌价格的1.5倍。事实上，从1980年开始，两家公司的价格背离达到30%，并且持续4年。Lamont和Thaler（2003）提出高科技行业的股票分立之谜，认为普遍存在违反一价定律现象。如2000年，3Com公司分离出5%的股票给予Palm公司。两公司分立当天，Palm股票收盘价95美元，3Com股票收盘价为82美元，经股权折算，母公司3Com股票价格出现负值，为-60.5元。这些金融异象表明，有效市场理论遇到了困难和挑战。

第三节　理性人假设和套利理论

一、理性人假设面临的挑战

传统的理性人假设认为，人是"万能"的上帝，具有无限的信息处理和分析的能力，类似于"超人"能够自觉地根据理性原则制定投资决策，调整交易数量，使其预期效用最大化。20世纪50年代以来，很多经济学家对此提出疑问，人类的理性并非不受任何约束，人类认知能力并非无限的。最著名的是1978年的诺贝尔经济学奖得主赫伯特·西蒙（Herbert

Simon，1955；1956）提出的有限理性假说，即人类的理性是有一定的极限的。

西蒙指出，由于受时间、计算能力的限制，决策者往往会使用"快速或节省"的方法或依靠已有的经验做出决策，而不是像传统理性人那样追求效用最大化。他（1982）提出人类决策时会使用"满意化原则"（Satisficing），主要包括：

一是由于人类认知能力有限，加上环境非常复杂，人类在进行长期行为规划时能力受到限制，他会满意化而不是最优化搜索行为。

二是由于人类记忆能力受短期性的限制，人类倾向于按事件发生先后顺序解决问题，并且还会为解决问题设立一个努力水平。

人类理性之所以是有限的，主要是因为人类在自身的能力、应对环境的复杂性、思考成本和信息的不完全性四个方面都存在局限性。

（一）人类自身能力的限制

心理学研究表明，人类的学习、记忆、处理问题的能力受到心理能力的限制。一般地，人们并不能同时考虑问题的所有方面，而是倾向于将问题简化，只考虑与当前问题有关的方面。当同一问题以不同方式表达出来时，例如以收益或以损失形式表达时，人们会做出相反的决策。卡尼曼和特维斯基（Kahneman，Tversky，1979）证明了此现象的存在，并称为"框架依赖效应"，这是一种认知幻觉，不是计算误差。在重复决策场合，人们常常会在心理与情绪上认同某种决策方法或结论，不愿放弃现有的、已经习惯了的方法或状态，由此导致维持现状偏好。

（二）复杂的外部环境

首先，环境的复杂性体现在投资者决策环境的不确定性和模糊性上。不确定性不仅指投资者面临的决策问题的属性不稳定，而且也指对决策结果的预期的不明确，导致结构不良问题。模糊性指投资者面临问题的属性虽然已经比较稳定，但这些属性相互之间的重要性程度不清晰。其次，它是指决策的目的与手段之间的因果关系不明确，解决问题的过程是一个动态调整过程，人们不断同周围环境发生互动，所以优先选择应该保持弹性。西蒙（1983）认为，决策通常在一个复杂的目的与手段之间的因果链中进行，随着决策环境的变化，人们受到的约束与面临的机会也在不断变更。卡尼曼和特维斯基（1984）研究显示，在不改变激励结构的情况下，投资者的决策行为会随着决策问题的信息结构或外部条件的改变而改变。

（三）思考成本

西蒙（1976）指出，人类的思考能力是一种稀缺资源，人类的决策行为受到思考能力不足的约束。当面对经济决策问题时，思考成为一种成本很高的活动，因此有必要将思考成本纳入经济学模型中。弗兰克·奈特（Frank Knight，1921）曾说过："很显然，当思考与估算成本超过了它们的价值时，理性的做法就是非理性。"利夫·约翰森（Leif Johansen，1977）研究指出，如果思考成本高昂，时间和方法有限，在某一时刻需要做出决策时，投资者通常凭借直觉做出判断。

（四）信息的不完全性

在股票市场中，存在太多的相关信息，人在有限的时间里不可能获得所有的相关信息。同时，信息的提供者可能为了某些原因故意夸大或缩小，甚至隐瞒或伪造信息，无关的或虚假的信息也会消耗决策者的注意力。另外，投资需要丰富的专业知识，大多数投资者没有受过高等教育或专业训练，不具备完全的知识和信息的分析能力。

由于以上因素的存在，在不确定条件下进行决策时，投资者的认知会产生偏差，不能完全理性地进行决策。经济学的假设之所以应建立在投资者的有限理性基础上，约翰·康利斯克（John Conlisk, 1996）认为：①大量的心理学和经济学实证研究成果表明，人类的理性是受约束的，是一种有限理性。②建立在投资者有限理性假设基础上的经济学模型更符合现实生活中的经济活动，使人更加信服。③有限理性假设更好地遵循了资源（指人类的认知能力、记忆能力和计算能力）是稀缺的这一经济学的基本宗旨。

二、套利理论面临的挑战

现代金融理论认为，即使市场上出现非理性投资者（噪音交易者）交易导致的价格偏差，理性交易者也会通过套利消除价格偏差，使之回归内在价值。同时，该理论认为套利是一种绝对没有风险、不需要成本，而且还能获得非负回报的活动。一些经验证据表明，在现实股票市场中套利本身并非"免费的午餐"，而会受到制度约束、信息约束和交易成本等诸多因素的限制。套利是指利用证券资产定价模型，计算出资产的理论价格，然后从理论价格与市场价格对比差额中获利。套利需要进行两个方向的交易，购入市价低的证券，卖出市价高的证券。假设在股票市场中，投资者分为噪音交易者（noise trader）和套利交易者（arbitrager），Kyle（1985）

和Black（1986）对噪音交易者的定义是那些没有内部消息又把噪声当信息进行非理性投资的投资者，他们不同于错误交易者。套利交易者又称为信息交易者（information trader），指利用市场中信息进行套利赚取无风险利润交易者。

行为金融理论认为，理性套利是有限的，非理性定价可以稳定和长期存在，甚至是一种常态。有限套利的研究主要围绕与套利相关的成本和风险进行。

（一）套利相关的成本约束

1. 套利的直接成本

包括佣金、印花税、保证金和买卖价差等。Daolio（2002）研究发现，就大多数的股票来说，当借入股票的融资费用只有10～15个基点时，套利者都可以承受。但在某些情况下，交易费用会很高，以至套利者付出任何代价都不能借到所需的股票。另外，如果套利者的保证金由于其抵押的股票价格大幅下跌而不足，而套利者又没有现金交付抵押，则其需要在亏损情况下被迫清仓，造成套利成本大幅提高。

2. 套利的实施成本

包括寻找和发现一项定价失当的资产，以及利用错误定价进行套利的资源成本。在现实的股票市场中，搜寻这种错误定价的资产不是一件容易的事。罗伯特·希勒（Robert Shiller，1984）与劳伦斯·萨默斯（Lawrence Summers，1986）研究证实，即使噪音交易者造成了股票价格对其内在价值严重的、持续的偏离，所产生的获利机会套利者也很难觉察到。

3. 法律约束（Legal Constraints）

在许多新兴市场国家中，对于养老基金和共同基金经理来说，卖空在法律上是禁止的，这增加了套利的难度。

（二）套利相关的风险约束

1. 基础风险（Fundamental Risk）

指在现实股票市场中不能找到完美的对冲证券而带来的风险。套利行为能否发挥作用的关键在于能否找到完全相同或近似的替代品，如果能够找到这样的替代品，套利者可以高抛低吸，纠正价格偏差。现实股市中，由于不能找到适当的替代组合，套利者要承担买入股票后出现特大利空消息，或卖出股票后出现特大利好消息，股价剧烈波动风险。

2. 噪音交易风险（Noise Trade Risk）

指由于噪音交易者的存在使得股价在一段时间内偏离内在价值的风险。施莱佛（Shleifer，2000）认为，由于噪音交易者错误地认为自己掌握了股价的未来信息，因此形成过分主观的认识。事实上，他们缺少正确的资产组合投资理论，虽然在信息不对称条件下对未来股价的判断是错误的，但他们却创造了自己生存的空间，并能从自身创造的风险中获利，例如索罗斯就是实践者之一。索罗斯为基金取名"量子基金"，其名即源于海森伯格量子力学的测不准定律。测不准定律演绎到资本游戏中，即市场总处于不确定状态，但索罗斯懂得也只有在不确定中才可能赚大钱。在20世纪60年代，当他预期投资者会因基金年收益的增加购买时，他预先买入，导致股价进一步上涨，赚取巨额收益。2011年8月以来，国际评级机构纷纷下调欧元区国家主权债务评级，索罗斯频繁发表言论，指出"希腊危机导致市场前景不明朗，所有欧债相关投资均很危险"，但在2011年11月，欧元区危机较严重的部分国家10年期债券利率飙升、面临发行窘境，欧洲银行恐慌性大把抛售欧债从而压低价格的时候，该基金反而低价大笔吸纳意大利等国家债券，迅速获利。可见，理性交易者和噪音交易者在一定的条件下也会相互转化，并助推市场大幅波动的风险，甚至产生使市场瞬时崩溃的风险。

3. 模型风险（Model Risk）

在股票市场中，投资者运用金融模型进行资产定价，但模型本身可能不正确或不相关。之所以出现模型风险，是因为金融衍生工具依赖复杂的数学模型，如果模型中的假设条件不符或方程出现错误，则模型运算结果就会不正确。有的金融模型没有理论支持，实证研究结果也不可能可靠。数据的准确性，也决定着模型的结果是否有效。正如默顿（Merton，1997）所言："我们通常会忽视金融建模的目的，而只在乎金融模型中数学的应用，事实上，金融模型本身很难应用到复杂的现实世界，因为其精确性会随着时间和地点的不同而不同。"

第四节　预期效用理论

一、预期效用理论

现代金融理论认为，在风险和不确定条件下进行风险决策主要依据预期效用理论（Expected Utility Theory）。预期效用理论由冯·纽曼和摩根斯坦（Von Neumann and Morgenstern，1947）提出，它是在继承18世纪数学家丹尼尔·伯努利（D. Bernoulli）对"圣彼得堡悖论"（Petersburg Paradox）解答的基础上发展起来的，使用严密的数学方法计算效用问题，并首次提出衡量效用函数的公理系统。如果投资者在不同环境下进行决策具有合理的偏好，那么可以运用效用函数来描述这些偏好，投资者的最终效用水平通过其对各种可能出现的结果的加权评估后形成的预期效用最大化，它是最终财富的函数。

假设决策者以p（$0<p<1$）概率获得财富x，以（$1-p$）概率获得财富y，则预期效用值为：

$$U[p \cdot x + (1-p) \cdot y] = p \cdot u(x) + (1-p) \cdot u(y) \quad (1-1)$$

预期效用模型建立在投资者偏好理性的一系列严格的公理化假设基础之上，这些公理化的价值衡量标准假定由传递性、恒定性和优势性构成。

·传递性：指如果效用函数$u(A) > u(B)$，$u(B) > u(C)$，那么A优于B，B优于C，则A优于C。

·恒定性：又称为独立性，对于同一决策问题，不同的表述方式不影响投资者选择，即对方案的偏好不受方案描述的影响，也就是说人们对具有相同结果和不同表现形式的选择的判断是一致的。

·优势性：是理性选择行为的最为显著的性质，如果期望A至少在一个方面优于期望B，并且在其他方面都不亚于B，那么A优于B，投资者只会选择A。在风险和不确定性条件下，投资者在评价和比较不同状态的投资方案时，会考虑各种方案实际发生的概率，在以上公理化假设下，将效用与结果发生的概率相乘再加总，然后进行比较。

二、预期效用理论面临的挑战

在现实生活中，预期效用理论受到各方挑战。赫伯特·西蒙在其著作

《现代决策理论的基石》^①中指出：

> 从观念上讲，预期效用模型理论应在柏拉图精神乐园中占有
> 重要地位，但是依靠它去制定实际决策，却面临着许多无法克服
> 的困难，因而是不可能的。

预期效用理论阐述了"理性人"在风险条件下的决策行为，但在实际
生活中，投资者决策要受到复杂的心理因素的影响，其行为会不自觉地系
统偏离预期效用理论的预测，偏离其公理性假设。主要包括确定性效应、
反射效应、分离效应、偏好反转等。

（一）确定性效应——阿莱悖论

预期效用理论受到实验经济学中的一系列选择实验的挑战，其中比较
著名的是阿莱做出的彩票选择实验，产生了"阿莱悖论"。该悖论由诺贝
尔经济学奖获得者、法国经济学家阿莱（Allais）于1953年通过彩票选择实
验（lottery-choice experiments）提出。在这些实验中，阿莱设计出一些收
益值与取得收益值的概率相关联的配对选项，然后让实验者做出选择，有
100人参与了阿莱所设计的赌局实验：

赌局A：100%的机会得到100万元。

赌局B：10%的机会得到500万元，89%的机会得到100万元，1%的机
会什么也得不到。

如果按照预期效用理论，可以将彩票y1、y2各自的期望值表示为：

---

① ［美］赫伯特·西蒙：《现代决策理论的基石》，北京经济学院出版社1989年版。

$E [U(y1)] = U（100万）$

$E [U(y2)] = 0.1 \cdot U（500万）+ 0.89 \cdot U（100万）+ 0.01 \cdot U（0）$

$$（1-2）$$

实验结果：绝大多数人选择A而不是B。即赌局A的期望值（100万元）虽然小于赌局B的期望值（139万元），但是A的效用值大于B的效用值，即：

$U（100万）> 0.1 \cdot U（500万）+ 0.89 \cdot U（100万）+ 0.01 \cdot U（0）$

$$（1-3）$$

然后，阿莱使用新赌局对这些人继续进行测试：

赌局C：11%的机会得到100万元，89%的机会什么也得不到。

赌局D：10%的机会得到500万元，90%的机会什么也得不到。

实验结果：绝大多数人选择D而非C。即赌局C的期望值（11万元）小于赌局D的期望值（50万元），而且C的效用值也小于D的效用值，即：

$0.89U（0）+ 0.11U（100万）< 0.9U（0）+ 0.1U（500万）$

而由上式可以推导：

$U（100万）< 0.1 \cdot U（500万）+ 0.89 \cdot U（100万）+ 0.01 \cdot U（0）$

$$（1-4）$$

1-3式与1-4式矛盾，称为阿莱悖论。

根据独立性假设、传递性假设，如果赌局A、B中偏好赌局A，则应在赌局C、D中偏好赌局C。但是，大部分实验者，包括行为金融学者Savage教授，在赌局A、B中偏好赌局A，即选择确定性地得到100万美元而不愿去冒风险；而在第二次测试中，则选择赌局D，因为赌局C、D都需要冒大风险才能获得大收益，但是很显然两者风险差不多，而金钱的数额却相差很大（500万＞100万），值得去冒1%的风险。实验者选择了（赌局A，赌局D），违背了预期效用理论，表明他们更倾向于"确定性"的收益，这种现象称为"确定性效应"，即在两个风险收益都相同的情况下选择，当其中一个是确定性收益时，投资者会赋予其更多的权重。

（二）反射效应

反射效应指人们对投资获利或损失的偏好是非对称的——人们在面对损失时有降低风险厌恶程度的倾向，对于盈利却坚持风险规避的倾向。人们关注的是相对于某个参考点的财富的变动而不是最终财富的变动。卡尼曼和特维斯基（1979）做实验证实了此效应，实验要求被试者在A、B两组中做出选择，以1的概率获得3000美元表示为（3000，1），其他以此类推。

A组：X1=（3000，1）　　　X2=（4000，0.8；0，0.2）

B组：X3=（−3000，1）　　　X4=（−4000，0.8；0，0.2）

选择的结果是：对于A组80%的实验者选择X1，因为3000美元收益是确定的；对于B组92%的实验者选择X4，与确定性损失相比，大部分实验者愿意接受0.8的概率风险损失4000。我们可以假设人们的偏好具有较大的期望值与较小方差的预期，以解释其对确定性收益的偏好和对风险损失的追求。如面对X1和X2，人们选择X1。然而，随着期望的降低，人们的偏好出现变化，确定性又强化了人们对风险的厌恶，如X3（−3000，1）与X4（−4000，0.8；0，0.2）相比，人们选择X4。

反射效应表明收益范围内的风险厌恶伴随着损失范围的风险追求，也表明了人们并不总是偏爱确定性的，也不总是回避风险的。

（三）分离效应

分离效应又称隔离效应，由Tversky和Shafir1992年在一个两阶段赌博决策的实验中提出，指虽然某一信息对人们的决策并不重要，而且忽视它也能够作出相同的决策，但人们依然愿意等到公开披露信息后再作决定。Tversky和Shafir用实验证明了此效应的存在。实验中，参与者将掷一枚硬币，并以同等的概率获得200美元或损失100美元。实验分为两种情况，要求实验者作出是否继续实验的决定：A种情况是在第一次实验结束时作出决定，B种情况是在第一次实验开始前作出决定。实验结果是，在A种情况下，大部分实验者都愿意接受第二次赌博，不管第一次是赢还是输。在B种情况下，大部分实验者不愿意进行第二次赌博。

这是一个让人困惑的结果：如果实验者的决定与第一次赌博的结果无论如何都是一样的话，那么A、B两种情况应该是相同的，但实验结果上却是不同的。隔离效应的存在，有助于我们理解在某些重要政策性信息披露后，投机者的买卖意愿增强，从而使风险资产的价格和交易量短期均出现意料之外的震荡的现象，即使这些公布的信息对市场的影响仅仅是暂时的，不可能改变市场的内在趋势。

（四）偏好反转

偏好反转是指在相同的前提条件下，由于引导模式不同，导致决策者对方案的选择出现很大的差异，甚至出现逆转的现象，最早由心理学家Slovic和Lichtenstein在1968年提出。实验由机会赌局和金钱赌局构成，要求实验者于两者间进行选择。实验内容有两个赌局，A组是机会赌局，有Q机会得到X元，有$1-Q$机会得到x元；B组为金钱赌局，有P概率获得Y元，有1–P概率获得y元。其中X>x，Y>y，Q>P，Y>X。结果发现在实验中，近3/4的实验者选择了机会赌局，却认为金钱赌局更有价值，而且随后的实验也显示，"选择机会赌局，但认为金钱赌局更有价值"的偏好反转现象出现的频率，高于"选择金钱赌局，却认为机会赌局更有价值"。这种偏好不一致的现象不能简单地使用误差来解释。

产生偏好反转现象的原因：一是被解释成是由选择配对的差异引起的，人们在处理信息进行决策时运用的策略不同造成偏好反转。当人们在两个赌注中进行选择时，他们关注的是赌注的分布，认为概率比收益分布更重要，因此，实验者选择了机会赌局，而不是金钱赌局。而当人们以货币形式表示赌局时，此时他们看中的是收益分布，因而选择金钱赌局。人们在评价不同风险性收益时会运用不同的效用函数。风险偏好诱导在偏好反转中起决定性作用，当诱导风险厌恶时，人们偏好机会赌局；当诱导风险偏好时，人们偏好金钱赌局。二是被解释成后悔理论，认为后视判断（hindsight）会影响人们的选择。三是被解释为衡量假设理论，该理论认为当一个属性较另一个属性更容易评估的时候，就会产生偏好反转现象。

偏好反转现象广泛存在于我们生活的各个领域。Hammack和Brown（1974）在关于猎场受损补偿费的调查中也发现了此现象：如果猎场受到毁坏，猎人能接受的补偿费为1044美元，但他只愿意支付247美元用于维护猎场免受毁坏，这种补偿费与维护费之间的差距之大令人震惊。偏好反转现象说明，人们不再拥有事前规定好的、连续不变的稳定偏好，判断和选择过程中的偏好明显要受到其背景环境、心理因素、程序设计的影响。对于偏好反转现象的讨论从未终止过，人们对其产生的原因和运行机制提出了各种各样的看法，不过一致认为它违背了经济学中关于偏好的所有原则。Grether和Plott（1979）提出偏好反转现象使人类的行为不存在任何形式的最优化规则，即使是最简单的选择。卡尼曼用它来解释了许多传统经济学无法解释的现象，如预期理论、交易理论以及工资理论等。

第五章

挑战传统的行为金融

第一节　长期资本管理公司的破产

现代经典金融理论在强调人理性的一面时，忽视了人的另一面——市场同样是由人的精神和意识合成的：有人的心理、情绪和感受，这个环节我们称为"心理的作用"。金融市场需要人的理性与感性合二为一，从而在整体上构成现实世界的金融市场现象。挑战现代金融理论的行为经济学家将市场没有按照经典理论所预期的那样发展的现象称为市场"异象"，而这所谓的"异象"才是金融市场的常态和正常现象。在这个现实化的环节中，金融市场不再是完全有效的或是符合有效的标准的。现实世界并不像经典金融理论所描述的那样，即：价格完全反映一切相关信息；随机游走是描述市场的最好比喻；市场无法被预测，并且不可战胜，有效市场假说仅仅是假说，"许多伟大的理论在真实数据面前不堪一击"[①]。

无论如何，从20世纪50年代发展至今，现代金融理论已走过了约70年的历程，不管是来自资本市场的证据，还是来自学术界的探讨，对于现代金融理论的挑战已经相当明显了，现实中的例子不胜枚举，经常被引用的就是具有讽刺性的美国长期资本管理公司（Long-Term Capital Management，LTCM）的破产。

美国长期资本管理公司创立于1994年，主要活跃于国际债券和外汇市场。其利用私人客户的巨额投资和金融机构的大量贷款，专门从事金融市

---

①　[美]贝努瓦·B.曼德尔布罗特、理查德·L.赫德森：《市场的（错误）行为：风险、破产与收益的分形观点》，中国人民大学出版社2017年版，第187页。

场炒作，与量子基金、老虎基金、欧米伽基金一起被称为国际四大对冲基金。该公司还吸引了默顿（Robert Merton）和斯科尔斯（Myron Scholes）加盟，他们负责交易模型的构建，并于1997年因著名的以其名字命名的"Black-Scholes-Merton"期权定价公式荣获诺贝尔经济学桂冠。罗杰·洛温斯坦（Roger Lowenstein）曾在《拯救华尔街：长期资本管理公司的崛起与陨落》一书中详细描述了1998年长期资本管理公司破产的事件。对长期资本管理公司的交易员来说，大的意外并不是来自不可预期的基本面风险，而是来自不可预期的情绪风险。后面我们将解释过度自信的情绪如何导致人们犯下不可挽回的错误，默顿和斯科尔斯开发的模型显示：长期资本管理公司所持有的组合资产每一天的最大损失不可能超过3500万美元，但在1998年8月21日星期五这一天，长期资本管理公司损失了5.53亿美元。

长期资本管理公司的运作理念建立在有效市场理论的基础上。在有效市场上，错误定价的机会少且偶然，很快会被聪明人发现套利机会而转瞬即逝。狂妄的投资者倾向于比那些谨慎的投资者承担更大的风险。长期资本管理公司的巨大头寸，特别是高杠杆的运用，使它在1998年8月21日原本可能出现的小损失变成了巨额损失。

在长期资本管理公司崩溃的前一年，行为经济学家安德烈·施莱弗和罗伯特·维什尼（Robert Vishny）在1997年的《金融学刊》上发表了一篇题为《套利的局限性》（*The Limits of Arbitrage*）的文章，指出像长期资本管理公司这样的对冲基金策略是很脆弱的，难以应对因市场错误和其他交易者情绪引发的风险；流动性约束会迫使对冲基金以市场低价卖出其资产。罗伯特·默顿曾经读过这篇论文，并对这种看法嗤之以鼻。美国行为金融学家赫什·舍夫林后来这样评论罗伯特·默顿："这就是精明学者典型的过度自信！"①这家对冲基金的经历为我们提供了行为金融现象的很多说明。

第二节　行为金融学的发展史

行为金融的产生离不开经济心理学的发展，其渊源可以追溯到100多年以前。查尔斯·麦基于1841年出版的著作《极端流行的幻想与大众的疯狂》（*Extraordinary Popular Delusions and the Madness of Crowds*）中讨论了金融市场中各种金融泡沫的产生、发展、破灭以及由此带来的恐慌和无奈。古斯塔夫·勒庞的《乌合之众：大众心理的研究》（*The Crowd: A Study of the Popular Mind*），讨论了群体行为在心理学、社会学、金融学方面的应用。

法国心理学家盖布里埃尔·塔尔德（Gabriel Trarde）首次将心理学运用到经济学中（1902）。1912年谢尔顿（Selden）出版的《股市心理学》，则首次将心理学应用到股市研究中，探讨了情绪、心理方面的各种因素对股市参与者包括投资者和交易人的影响。1918年，约翰·莫里斯·克拉克（John Maurice Clark）在《政治经济学学报》上发表了一篇文章——《经济学与现代心理学》，他认为经济学家也许会忽略心理学的作用，但是经济学绝对不能忽略人性的本质。

凯恩斯在1936年出版的著作《就业、利息和货币通论》（*The General*

①　［美］赫什·舍夫林：《超越恐惧和贪婪：行为金融与投资心理学》，上海财经大学出版社2017年版。

Theory of Employment, Interest and Money）中指出心理因素影响着投资者的信息处理和投资管理过程，并提出了股市"选美比赛"（Beauty Contest）和"空中楼阁"理论。他认为：股票价值在理论上取决于长期未来收益，但因为在不确定条件下进行长期预期很困难且不准确，所以投资者应进行短期预期。同时，他指出投资者是非理性的，其股票交易过程中充满了"动物本能"（animal spirit），投资者的心理预期决定了股市交易的最终价格。

20世纪三四十年代，乔治·卡托纳（George Katona）是较早关注宏观经济层面的心理问题的心理学家，他把"态度""情感"和"期望"等最先引入宏观经济学中，其1975年出版的《心理经济学》标志着经济心理学成为一门科学。行为金融学的产生以1951年Burrel教授发表的《投资战略的实验方法的可能性研究》一文为标志，该文首次用实验的方法将量化的投资模型与人的行为特征结合起来。此后，沃德·爱德华兹（Ward Edwards）于1954年提出心理学家应当把决策研究作为他们的研究对象，并为此建立了一个研究框架。法国经济学家莫里斯·阿莱（1953a，1953b）于1953年提出在不确定条件下基于心理学的选择理论，并由此获得1988年的诺贝尔经济学奖。同时，他还提出了著名的阿莱悖论，推翻了不确定条件下理性人决策中的"独立性定理"（Independence Axiom）。

20世纪50年代，行为公司金融作为行为金融学的一个重要分支日益发展起来。1956年林特纳提出公司红利行为模型，他发现上市公司财务主管发放红利时会受到投资者对红利的欢迎态度的影响，因而不会轻易变更红利政策。Roll在1986年提出"狂妄自大假说"（Hubris Hypothesis），认为上市公司管理者在并购过程中会过分夸大并购后的协同作用，大部分的并购活动对收购者没有好处。

随后，鲍曼（1967）发表了《科学投资分析:是科学还是幻想？》，指出金融学与行为学的结合更加符合实际，是未来金融学的发展方向。1972年，心理学家保罗·斯洛维奇发表了《人类判断行为的心理学研究》，指出医生的自信心随诊断正确性的增加而增加，股票市场中的投资者也有这种"过度自信"的心理倾向，人们在研究投资者行为时应关注其非理性的心理。

丹尼尔·卡尼曼和阿莫斯·特维斯基对于行为金融学的发展影响意义深远。1979年，他们在论文《前景理论：风险条件下的决策分析》中提出了完整的前景理论，奠定了行为金融学的理论基础，并为行为金融学的发展开创了一个新的里程碑。随后，1982年，卡尼曼、特维斯基和斯洛维奇在《不确定状态下的判断：启发式经验法则和偏差》一文中指出，个人在不确定情况下进行决策时，会违背贝叶斯法则或其他有关概率的理论，而表现出系统性的认知偏差或经验性偏差。

20世纪80年代中期以后，行为金融的研究主要集中在把行为金融理论与股票市场实践相结合，验证金融市场中的"异象"。1985年，德邦特和塞勒发表了《股票市场过度反应了吗？》，研究了亏损股票被低估、赢利股票被高估的原因，认为是投资者对利好或利空信息的过度反应所致。谢弗林和斯塔曼（1985），奥丁（1998）对"处置效应"进行了研究，"处置效应"即投资者倾向于长时间持有亏损股票，过早抛售赢利股票。塞勒（1987，1999）从人类心理的角度，研究了投资者的"心理账户"以及股票回报率的时间模式关系问题。希勒（1989）主要从股票市场价格波动性的角度，研究了羊群效应、投机价格与人们的流行心态的关系。卡尼曼和特维斯基（1992）的研究表明，投资者对待风险的态度并不是一成不变的，而是有一个参考点作为基准，在基准点之下有损失时偏好风险，在基准点之上有收益时厌恶损失，因此在决策时会受到框架依赖的影响。

20世纪90年代以来，投资者心理因素对资产定价和资产组合投资决策的影响，成为行为金融研究的重点。谢弗林和斯塔曼先后在1994年、2000年提出了著名的行为资产定价模型（BCAPM, Behavioral Capital Asset Pricing Model）和行为资产组合理论（BPT, Behavioral Portfolio Theory）。2002年，美国普林斯顿大学的丹尼尔·卡尼曼和乔治梅森大学的弗农·史密斯获得了诺贝尔经济学奖，诺贝尔奖委员会认为他们开创了行为经济学和实验经济学的研究新领域，充分反映了主流经济学家对行为金融学的认可。

美国"次贷"危机爆发后，行为金融理论在解释宏观金融危机方面作出了开创性研究，这里面包括谢弗林（2009）、保罗·克鲁格曼（2009）、弗拉蒂亚尼（2008）、赫希莱弗和洪（2009）基于行为偏差理论制订的桑斯坦"助推"计划，以及"心理导向的金融监管理论"。

美国学者赫什·谢弗林（Hersh Shefrin）对行为公司金融理论的发展起着重要作用，2005年他在分析投资者存在过度自信、损失厌恶等非理性行为的基础上，提出公司内部管理者与外部个人投资者和机构投资者的行为会影响公司价值最大化的实现。他在2006年出版的《行为公司金融》一书中，研究了资本预算、资本结构等公司金融活动中的各种参与者的非理性的行为，以及对公司价值实现的影响，其理论成为传统金融理论的有益补充。

中国的行为金融学研究开始于20世纪90年代末期，主要通过借鉴国外的行为金融理论对我国的股票市场交易行为做实证研究，检验市场的有效性，或是对过度自信、羊群行为、动量投资策略与逆向投资策略、处置效应等投资者心理、认知和行为偏差进行实证研究。饶育蕾、李心丹、刘力、管虎、李国平、宋军、吴冲锋等学者的研究表明：我国股票市场投资者存在各种心理和行为的偏差，上市公司管理者存在各种非理性行为，影响着公司的投融资、财务决策等方面。

第三节　行为金融学的理论基础

一、前景理论

在不确定性条件下进行决策时，传统的金融学家通常会运用预期效用理论或主观预期效用理论，假设投资者是理性的，市场是有效的，遵从完整性公理、传递性公理、可替代性公理和恒定性公理。但在现实股票市场中，投资者的决策行为常常违背这些公理。因此，金融学家广泛吸收心理学、实验经济学和行为经济学的研究成果，积极对传统的预期效用理论进行改良，寻求替代模型。最初预期效用函数自始至终都是凹形的，人们对待风险的态度是一样的，如图5-1a所示。事实上，人们对待高风险和低风险的态度显著不同，在面对低风险如买保险时表现出风险厌恶，在面对高风险如买彩票时表现出风险偏好，这就是著名的"弗里德曼-萨维奇困惑"。为了解决这种困惑，弗里德曼（Friedman）和萨维奇（Savage）在1948年共同提出了与最初的预期效用函数不同的函数形式，其函数图形中既有凹形又有凸形。其中对待保险的态度与凹形部分一致，对待彩票的态度与凸形部分一致，如图5-1b所示。马科维茨也对此进行了研究，指出效用函数的拐点应限定在"通用财富"（customary wealth）的位置，一个狭窄区域内，效用应采用收益或损失来界定，而不是用最终的财富来衡量，如图5-1c所示。

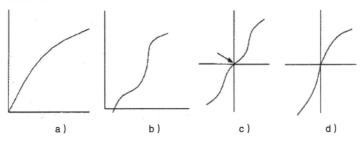

图5-1 预期效用理论的改进模型与前景理论模型

1979年，在总结前人研究的基础上，卡尼曼和特维斯基提出的前景理论如图5-1d所示，从而奠定了行为金融学的理论基础。该理论主要包括：一是从信息加工的视角对个人风险决策过程建立的认知描述性模型。二是决策权重函数和价值函数。同时，前景理论把金融市场异象的解释归结为确定性效应、反射效应和分离效应。

（一）个人风险决策

个人在风险不确定和信息不对称的条件下进行决策会经历编辑（editing phase）和评估（evaluation phase）两个阶段。个人对随机事件的结果及相关信息的收集、整理和初步分析为编辑阶段。评估阶段就是对初步编辑过的信息进行估值，并选出估值最高的期望。

1. 编辑阶段

诺贝尔经济学奖获得者赫伯特·西蒙研究发现，现实中人类面对繁杂的大量信息，只能对其中很小的一部分做出正确反应，而会不自觉地排除那些注意不到的信息（包括那些不重要或疏忽掉的信息），因此人类处理复杂问题的局限性显而易见。编辑阶段通常包括编码、合成与分离、抵消与简单化等三个阶段。

（1）编码

编码就是根据现有财富的实际收入或支出编制一个收益或损失的参考点。例如一个抛硬币的赌局，若为正面会赢10元，若为反面会输5元，可以编码为（10，0.5；-5，0.5）。

（2）合成与分离

为简化问题，如果计算期望时包括有风险和无风险部分，应进行合并与分离。

（3）抵消与简单化

人们在进行投资决策评估选择时，为计算简便，暂时删除期望中共有的概率部分，这就是相互抵消。语言表述方面，通常会以概率对期望进行说明。

2. 评估阶段

对编辑过的信息进行评价和估算是个人决策的第二个阶段。假设V表示期望的价值，π和v表示主观量度。$\pi(p)$表示与概率p相对应的权重，v反映的是主观概率，分配给每一个选项结果一个量$v(x)$，价值尺度以0作为参考点。收益或损失的大小以$v(x)$离开"0"基点的程度表示。估值与简化的期望形式为$V(x, p; y, q)$，它有两种非零的结果，假设某人以p概率获得x，以q概率获得y，以$1-p-q$获得0，且$p+q\leqslant1$。当它的结果都为负时，则给定的期望严格为负，否则就严格为正；如果给定期望既不严格为正也不严格为负，则它为一般性的期望。如果将π和v结合起来，则一般性期望为：

$$V(x, p; y, q) = \pi(p)v(x) + \pi(q)v(y)$$

假设V为期望值，v为选项结果，并且$\pi(0)=0$，$\pi(1)=1$，$v(0)=0$。

通常在编辑阶段期望值被分为两部分：一是可以确定无风险地获得收益或损失的部分，表示为 $v(y)$；二是实际中不确定条件下承担风险的收益或损失部分，表示为 $v(x) - v(y)$。如下所示：

$$V(x, p; y, q) = v(y) + \pi(p)[v(x) - v(y)]$$

（二）价值函数

投资者的决策依赖于前景理论中的价值函数和决策权重函数。价值函数是由卡尼曼和特维斯基在不确定条件下进行实验研究的基础上提出的，它是一条有拐点（称为参考点）的S形曲线，如图5-2所示。

图5-2　价值函数

价值函数的特征如下：

1. 价值函数是以"参考点"为界分为利得和损失两个区域

参考点（reference point）是价值函数的拐点，是对收益与损失的一种主观评价标准，人们总是以一定的参考物作为标准进行投资决策，即使相同的情况也会因为参考物的不同而得到不同的决策结果。因此，在实际股票投资中，人们可以通过改变参考点的方法来操纵市场。Mazumdar、Raj和Sinha（2005）研究发现，参考点的形成依据可以分为三种：一是可预测的期望（expectation），投资者决策主要依据以前的经验和现实的环境。

二是规范的标准（normative），例如股票市场中的"公平（fair）、公开（open）或公正（just）水平"，投资者在考虑购买某只股票时，通常要将它与他们认为的股票内在价值进行比较，如果价格高于内在价值，则投资者会购买，否则他们认为不值得投资。三是希望（aspirational）的标准或水平。在某一群体中，人们对同一事物应有相似的认知水平。因此，投资者在投资某一只股票前，会与身边的投资者购买该股的价格进行比较，比之低则认为该股票值得购买，否则可能不予考虑。

2. 价值函数与参考点的出现，使人们对待风险的态度不同

在盈利区域图形表现为下凹，而在亏损区域图形表现为下凸。这表明当处于收益状态时，投资者是回避风险的，在确定性收益与非确定性收益中偏好前者；在亏损状态时，投资者是偏好风险的，即在确定性损失与非确定性损失中偏好后者。投资者的过去或现在的经验背景对其评价收益与损失产生直接的影响，进而影响其参考点的确定。参考点是决策的一个基本组成部分，决策行为随着参考点的变化而变化。因此，一个给定温度为40度的物体，夏天触摸它可能不觉得热，但冬天触摸它能明显感觉到热。10000元对于一个富人不算什么，但对于穷人而言则是一大笔财富。

3. 亏损区域的斜率大于盈利区域的斜率，表明损失的影响大于收益

在图形上表现为收益处曲线比损失处曲线平缓，在参考点处最为陡峭。相关研究发现，人们对损失所产生的负效用为同等金额的盈利产生的正效用的2.5倍；在同一概率下，对盈利的追求不能抵消损失带来的厌恶程度。2000年，卡尼曼和特维斯基曾做过关于抛硬币的实验，发现只有盈利超过30美元的时候，大多数实验者才愿意押10美元的赌注，否则就选择放弃。研究表明，在不涉及金钱的情况下，例如死亡人数、痛苦时间等方面依然存在风险追求。

（三）决策权重函数

在不确定条件下，投资者进行决策，通常要通过概率推理得出适当的结论。但人们在处理不确定信息时，往往会凭直觉而偏离概率推理形式。同时，心理学证据也表明，博彩的价值不是中奖概率p的线性函数。概率0～5%或者概率95%～100%带来的增值作用，大于概率40%～45%的增值作用。决策权重存在"类别边际效应"（category boundary effect）。由于人们受限于自己对于极端概率的理解和评估能力，因此从可能事件到确定性事件，或者从不可能事件到可能事件变化产生的作用，远远大于可能事件之间的转化。阿莱（1953）通过实验证明，相对于仅仅是可能的结果，通常高估确定得到的结果。卡尼曼和特维斯基通过实验也证明：当概率接近于0或1时，其微小变化都会引起人们更多的关注。

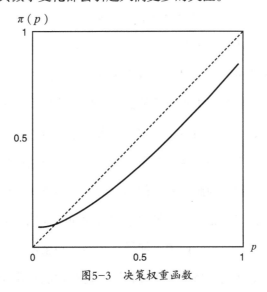

图5-3 决策权重函数

决策权重函数的特点如下：

1. 决策权重函数是可能性结果发生概率p的一个递增函数$\pi(0)=0$，$\pi(1)=1$。

2. 小概率事件决策权重大于实际概率，当p接近于0时，$\pi(p) > p$。大概率事件决策权重小于实际概率，即当p较大，接近于1时，$\pi(p) < p$。高估小概率事件放大了对偶然性获利的希望，夸大了对小概率结果，如严重损失的规避态度。这解释了彩民和投保人都在事件发生概率极低的情况下依然积极购买的缘故。

由图5-3可见，决策权重函数接近确定性事件边界的端点，决策权重容易被夸大或忽视，是概率评价中的突变范围。在实际概率决定的决策权重函数中，通常人们会高估小概率事件和低估大概率事件，而对介于二者之间的概率人们反应相对不敏感。在实际决策过程中，人们主观上会夸大或缩小相应事件发生的概率。总之，在股票市场中，绝大多数资产均是风险资产，人们会根据自己掌握的信息对不同的股票确定不同的决策权重函数。如当股票在牛市火热进行阶段中的回调行情中股民一般会去无脑地追买，而在熊市的反弹行情中股民将恐慌性地抛售，这些反映了人们在投资上受限于自己的理性，夸大对于小概率事件的掌控能力，改变自身在市场行为中的决策权重函数（决策权重从假定理性的线性概率函数改为非理性的非线性概率函数），从而做出错误的决策。这一行为对股票的选择、股票市场的价格产生广泛的影响，对于投资者自身的投资结果也是致命的。我们在投资圈内常会听到振聋发聩的话，"牛市不意味着所有人都赚钱，牛市中人们常常会因为过分乐观做出错误估计而赔大钱（例如追高），在熊市中人们反而一般会小心谨慎，能做到少赔钱甚至赚到钱"，"新手死于追高，老手死于抄底，高手死于杠杆"，这些均能从非线性概率的决策权重函数中找到一定的解释，从而使我们反思自己的情绪，认清自己的能力圈，思考如何能够在股市中做到清醒而有效的投资。

二、行为金融研究范式

库恩在《科学革命的结构》中提出范式概念，用来描述在某行业领域内研究者应该遵守的学术规范，解决研究什么和采用什么方法研究的问题。传统金融理论研究的前提是投资者完全理性，因此它又称为"理性范式"（Rational Approach）。行为金融理论研究的前提是投资者存在各种非理性的心理现象，因此其又称为"心理范式"（Psychological Approach），主要采用实验研究方法，研究金融"异象"、有限理性、有限套利等。

行为金融理论在研究方法上，与传统金融理论的规范与实证研究不同，主要借助于一系列精心设计的实验，根据实验的结果揭示人类心理和行为方面的规律，即实验经济学（experiment economics）。其研究模式是通过设计和模拟实验环境，对某一类现象或行为进行试验，观察决策者的行为并分析试验结果，以验证经济学的理论。乔治·史密斯在1982年建立了标准的研究设计和分析系统，界定了经济学实验应遵循的步骤，指出每个实验由环境、体系和行为三大元素构成。在环境中控制环境和体系变量必须满足5个先决条件：

·非饱和性，指人们对物质财富如金钱的欲望是无止境的。

·突出性，指个人的行为和策略决定了最终结果。

·客观性，指实验过程保持客观公正，其结果不被参与者主观的成本或效益左右。

·隐私性，为避免相互影响，影响结果公正性，每位参与者只被告知他自己的回报程序。

·平行性，指通过实验得出的结论，在现实世界同样条件下也成立。

史密斯通过经济实验，包括拍卖、公共品提供、航班时刻表设计、政府采购、国有资产及能源市场设计等，提高了人们对机制设计过程中的经济关系的认识。

实验经济学把可论证的知识引入经济学领域，使投资者可以真实地了解市场运行的模式。实验经济学的研究过程是可控的，其数据的采集受到严格的标准控制，作为方法论为行为金融学提供了很好的研究路径，现在越来越多的关于金融市场有效性和稳定性的金融决策，都在进行实验设计与模拟。实验经济学对现象或行为的解释过程包括：①构建根据实验现象和结果推测的模型。②对构建的模型在实际的市场中进行实证检验。③对实证检验的结果进行归纳统计，并对产生的异常现象作出解释。

第四节　行为资产组合理论

马科维茨的现代资产组合理论（MPT）中，投资者将其整个组合作为一个整体，对资产的风险和预期收益进行总体评价，同时要考虑所有资产之间的相关性。行为金融理论是对传统金融组合理论的修正和发展。在促进行为资产组合理论发展过程中，SP/A理论起着重要的作用，它开创了行为金融理论研究的心理学分析视角和研究方法。洛佩斯的模型框架利用两个时期的离散结构，两个时期标识分别为0或1，假设1时期有i种可能结果，财富为$w_1, w_2, w_3 \cdots\cdots w_i$，并且排列顺序为：

$$w_1 \leqslant w_2 \leqslant w_3 \cdots\cdots \leqslant w_i$$

概率分别为$p_i = \mathrm{pro}\{w_i\}$，$i$从1到$n$，$p_i = D_i - D_{i+1}$，期望为$E(w) = \sum P_i W_i$，则

$$E(w) = \sum D_i (w_i - w_{i-1})$$

投资者以$D_1 = 1$的概率获得财富W_1，以D_2的概率获得$W_2 - W_1$的财富，以D_3的概率获得$W_3 - W_2$的财富，并以此类推。

洛佩斯在SP/A理论中主要分析了两种情感因素恐惧（fear）和希望（hope）对投资者风险态度的影响。他用$h_s(D) = D^{1+q_s}$代表恐惧心理的人们对待风险的态度。

2000年，谢弗林和斯塔曼提出了行为资产组合理论（Behavioral Portfolio Theory，BPT）。BPT投资者通过综合考虑投资安全性与增值潜力的欲望、期望财富水平和期望值概率等因素，选择适合自己的投资组合。组合中一些资金投资于底层，其目的是避免贫困，因而承受风险的能力相对较弱；另外一些资金则投资于顶部潜力层，其目的是在富裕之后更加富有，因而承受风险的能力相对较强，而层级之间的方差则可忽略。

这样将原来的所有资产按均值–方差统一组合的投资决策模型变成按不同心理账户分层结构的每一层资产组合投资决策模型，后者比前者更符合实际。他们实际构建的资产组合是一种金字塔状的行为资产组合，如图5–4所示。

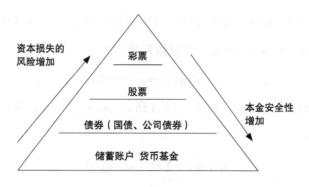

图5-4 金字塔型的行为资产组合

根据心理账户结构的不同，行为资产组合理论包括单一账户行为资产组合理论（BPT-SA）和多重账户行为资产组合理论（BPT-MA）。两者的区别在于：多重账户下的投资者忽略账户间的相关性，在不同的心理账户中放入不同的证券组合；单一心理账户则是像传统资产组合理论一样，将所有的证券组合放入一个心理账户中，且考虑账户之间的协方差。

一、单一账户下的行为资产组合理论（BPT-SA）

马科维茨提出的均值-方差组合理论的核心是（μ，σ）平面中的均值方差有效边界，与之对应的单一账户行为资产组合理论则是〔Eh（W），$\Pr\{W \leq A\}$〕平面中的有效边界。

W：表示财富；

A：表示投资期望值即参考点；

Eh（W）：是期望财富E（W）在情感因素影响下的变形；

$\Pr\{W \leq A\}$：是对投资风险的度量。

在两种理论下，投资者都将选择具有较大的 μ 或 Eh（W）以及具有较小的 σ 或 $\Pr\{W \leq A\}$ 的证券组合。

均值方差有效边界通过固定 σ 下的最大值 μ 而获得，而单一账户行为资产组合理论有效边界则通过 $\Pr\{W\leqslant A\}$ 约束下的最大值 $Eh(W)$ 而获得。

单一账户行为资产组合理论由洛佩斯（Lopes，1987）提出，也称为"安全、潜力和渴望理论"，即SP／A理论。其中S代表安全（security），P代表增值潜力（potential），A则代表财富渴求（aspiration）。该理论不仅是投资组合理论，同时也是不确定条件下选择的心理理论。

洛佩斯认为有两种情感会通过改变期望财富 $E(W)=\sum P_iW_i$ 中的相对权重来对投资者的冒险意愿发挥作用：害怕和希望。在单一账户行为资产组合理论中：

$Eh(W)$ 代替了 $E(W)$；r_i 代替了 P_i，所以是

$$Eh(W) = \sum r_iW_i$$

他使用函数 $h(D)$ 来定量考察这两种情感因素对权重的修正，得出：

$$r_i = h(D_{i+1}) - h(D_i)$$

"害怕"通过偏重于坏结果的权重发挥作用，而"希望"则通过偏重于好的结果来发挥作用。

$$h(D) = \delta h_s(D) + (1-\delta)h_p(D)$$

其中，$h_s(D) = D^{1+q_s}$；$h_p(D) = 1-(1-D)^{1+q_p}$

在加入心理因素之后，投资组合的风险是多维变量，主要受到多个风险度量参数的影响。例如：

（1）q_s，用来测量害怕的程度（对安全的需要），较好结果被赋予较高的权重，而较坏结果的权重则相应较低；

（2）q_p，用来测量希望的程度（对潜力的需要）；

（3）A，期望水平；

（4）δ，用来决定害怕与希望的相对强弱；

（5）V，用来决定获取与害怕和希望相关的期望水平的心理欲望程度。

以上五个参数值的变化都将影响投资者对自己证券组合的决策。

简言之，单一账户投资组合决策模型可表示为：

$$目标：max: E_h（W）= \sum r_i W_i$$

$$条件：prob\{W \leqslant A\} \leqslant a$$

$$\sum V_i W_i \leqslant W_0$$

其中，预算限制条件为 $\sum V_i W_i \leqslant W_0$，$i$ 表示时期1出现的各种或有资产的状态，V_i 表示在该状态下或有收益的现值系数。在上述条件下可计算得优先解为：

$W_i=0$,　　　　　　　　　　当 i 不属于T时

$W_i=A$,　　　　　　　　　　当 i 不属于 $T\backslash\{S_n\}$ 时

$W_n=（W_0-\sum V_i W_i）/ V_n$,　　当 $W_0 > V_n A, W_n > A$

其中，T是一个状态子集，包括第n种状态S_n，并且满足条件 $prob\{T\} \geqslant a$。为了最大化 $E_h（W）$，我们应该购买单位概率价格最低的或有债权，即 $V_n / r_n =min\{V_n / r_n\}$。由此确定单一账户行为资产组合理论的有效边界，即为 $prob\{W \leqslant A\} \leqslant a$ 约束下，由许多概率下的 $prob\{W \leqslant A\}$ 与其对应的最大的概率与财富乘积的和 $E_h（W）$，构成的有序的点绘出的曲线。单一账户的投资者沿着最大化 $E_h（W）$，$prob\{W \leqslant A\}$ 的有效边界选择最优的证券组合。

根据单一账户行为资产组合理论有效证券组合收益的分布形式，投资者可能获得0、A和高于A的值W_n等三种收益结果。这种收益分布，类似于由预期收益为0的无风险债权、预期收益为A的固定收益债券，以及预期收益为W_n的彩票构成的投资组合所产生的收益分布，该投资行为模型最后呈现出的结果是：表现相异的不同资产毫无违和感地出现在同一投资组合之

中，也就是这个人会同时买安全性高的国债、银行理财，但也会去买高风险股票甚至几乎没有赢面的彩票。这个结论是不是令人感到诧异？

其实，这个金融现象在证券市场中并不罕见，而且在我们周边十分常见。例如前述"弗里德曼–萨维奇困惑"：投资者通常同时购买保险和彩票，而它们是风险和期望收益完全不同的两种资产。投资者在购买保险时表现出风险厌恶，但在购买彩票时却表现出一种高风险寻求。这说明投资者并不像预期效用理论说的那样总是厌恶风险的，他们并没有将所有的资产化作一个组合来对待，而是将保险和彩票划入了不同的心理账户。保险账户是低风险账户，主要为满足投资者规避风险、资产保值的需要；而彩票账户则是高风险账户，购买者希望在承受高风险的同时获取高收益。下面，多重账户下的行为资产组合理论更清晰地展示了投资者这一心理特征。

二、多重账户下的行为资产组合理论（BPT–MA）

2000年谢弗林和斯塔曼的研究指出，投资者在投资决策时，通常会有高水平期望收益与低水平期望收益的两个心理账户，这代表投资者既想避免贫穷（低水平预期），又想变得非常富有（高水平预期）的复杂心态，从而使研究更加接近真实状态。为使投资者效用最大化，就需要将现有财富A_0有效地分配到高、低期望两个心理账户中。

假设低期望账户的效用函数为Cobb–Douglas函数：

$$U_s = P_s^{1-\gamma} E(W_s)^{\gamma}$$

其中，P_s代表小于低期望水平A_s的概率；W_s代表低期望账户的财富；γ为非负权重参数。

类似的，高期望账户的效用函数为：

$$U_r = P_r^{1-\beta} E(W_r)^{\beta}$$

其中，各参数含义与前式相对应。

谢弗林和斯塔曼认为投资者的效用函数应该把低期望账户的效用函数和高期望账户的效用函数结合起来：

$$U = \{1 + K_{dr}[P_r^{1-\beta} E(W_r)^{\beta}]\} K_{ds}[P_s^{1-\gamma} E(W_s)^{\gamma}]$$

其中，K_{dr} 和 K_{ds} 是反映投资者对两种账户重视程度的权重系数。

从上式中可以看出，多重账户投资者赋予低期望账户和高期望账户的影响力不同，体现了他们对待风险的态度。当低期望账户效用为0时，投资者的整体效用为0；当高期望账户效用为0时，投资者的整体效用与低期望账户效用相同，不为0。这说明投资者将财富中的一部分首先分配给自己的低期望账户，如果卖空被允许，投资者在他的高期望账户里可能会持有某些证券的空头，而在低期望账户里持有其多头。原因在于两种心理账户之间缺乏统一性，协方差被忽略了。投资者将心理账户与目标相匹配，两个心理账户不统一，目标是预期效用最大化的投资者，获得较高整体效用的正确做法是：将低期望账户中的组合配置类似无风险债券（国债）的资产，而将高期望账户中的组合配置类似彩票的资产。这很好地解释了在现实中投资者拿出一小部分钱财去博彩，而将大部分的钱存在银行或者购买收益率仅有百分之三到百分之四的银行理财产品。

三、塔勒布的"杠铃策略"

美国投资家塔勒布在其著名的《黑天鹅：如何应对不可预知的未来》一书中，极力推荐这样一种"杠铃策略"：

如果你知道容易犯预测错误，并且承认由于有黑天鹅事件的影响，大部分"风险管理方法"是有缺陷的，那么你的策略应该极度保守或极度冒险，而不是一般保守或一般冒险。不要把钱投入"中等风险"的投资（你怎么知道它是中等风险的？听某个谋求终身教职的"专家"的吗？），而应该把一定比例的钱，比如85%～90%，投入极为安全的投资工具，比如国债，总之投入你能找到的最安全的投资工具。余下的10%～15%投入极具投机性的赌博中，用尽可能多的财务杠杆（比如期权），最好是类似风险资本的投资组合。

这样一来，你就不受错误的风险管理的影响。没有黑天鹅事件能够超越你的"底线"伤害你了，因为你的储备金最大限度地投入了安全的投资工具。或者，同理你可以拥有一个投机性投资组合，并确保（如果可能的话）它的损失不超过15%。这样，你就"剪掉"了对你有害的不可计算的风险。你不是承担中等风险，而是一边承担高风险，一边不承担风险。二者的平均值是中等风险，但能使你从黑天鹅事件中获益。用更为专业的术语，可以称之为"凸性"组合。[1]

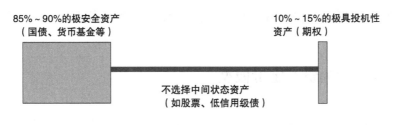

图5-5　"杠铃投资策略"图示

---

① ［美］塔勒布：《黑天鹅：如何应对不可预知的未来》，中信出版社2009年版。

在著述和投资上都极为成功的塔勒布的投资方法，与上述多重账户下的行为资产组合理论有异曲同工之妙，他是将极为安全的低风险资产与高风险的"黑天鹅"资产进行组合，以避免一般所谓的中等风险资产（如股权）可能带来的巨大损失，对杠杆高的风险资产组合设置合理的止损线（15%），这些对在现实的资本市场中操作的投资者而言，都是很有警示意义的。

第五节　行为资产定价模型

股票市场的大量异象，是对传统定价模型的挑战，投资者的心理预期、心理情绪和市场政策信息等因素都会使股票价格产生巨大的波动，对这些现象和变量的研究产生了行为资产定价模型（BCAPM）。所谓行为资产定价模型，是指在一系列横截面收益异象和事件反映异象的基础上，借鉴心理学、行为学和社会学研究成果，对股票市场投资者的行为进行分析，建立股票价格在离散多期模型中对信息和交易行为的反应模式。比较经典的模型有BCAPM模型、BSV模型、DHS模型和HS模型。

一、行为资产定价模型

谢弗林和斯塔曼（1994）在总结传统资产定价模型（CAPM）的基础上，提出了行为资产定价模型（Behavioral Capital Asset Pricing Model，BCAPM）。此模型本质上可以看成是噪声理论模型（DSSW）的扩展。与

DSSW模型相似，CAPM将投资者分为信息交易者和噪音交易者。信息交易者是完美的理性投资者，会按照传统的CAPM投资，关注投资组合的均值和方差，不受心理偏差的影响；而噪音交易者更接近现实的投资者，会受到认知偏差、心理偏好和情绪好坏的影响。两类交易者相互影响，共同决定着证券资产的价格。

本模型中涉及的偏差主要有：对先验概率的忽略、对偶然性事件概率的误判等。模型分析了噪音交易者对市场组合回报的分布、风险溢价、期限结构、价格有效性等的影响，并验证了噪音交易者长期存在的可能性。该模型充分必要条件为：

$$\sum_{j=1}^{J} W_j \varepsilon_j = \text{cov}(W_j, \varepsilon_j) + (\sum_{j=1}^{J} \varepsilon_j / J) \cdot (\sum_{j=1}^{J} W_j) = 0$$

其中，ε_j为信息交易者对价格的预期误差，W_j为信息交易者持有的证券组合的初始价格。上式说明，只有信息交易者的认知偏差与其财富互不相关并且噪音交易导致的平均价格偏差为0，资产价格才有效。BCAPM提出，噪音交易者的存在不仅削弱了股价回报与其β值的相关性，而且还在股价异常波动与行为β值之间制造了新的正相关性，使成交量扩大。

该模型认为：证券的预期回报是由"行为β值"决定的，"行为β值"就是指均值方差有效组合的切线斜率。事实上，在估计β值时，无论是CAPM还是BCAPM都存在问题。因为在CAPM中，我们只在理论上建立了投资组合的构建原则，但实际中并无可行方法，造成实证检验的困难；而在BCAPM中，"行为β值"的确定更加困难，因为均值方差有效组合会随时改变，也许市场参与者现在是价值型投资风格，而下个月就是小盘股投资风格。

斯塔曼（1990）进一步指出，所有的资产定价模型究其本质都是经济学中供给与需求（D–S）的问题，供求曲线既决定于理性趋利特征（如对产品成本、替代物价格的分析），也决定于投资者的价值感受（如个人品味、感性认识）。Ramiah和Davidson（2002）提出了利用DVI指数对行为资产定价进行分析的思路。

二、投资者心态模型

巴伯里斯、施莱弗、维什尼在1998年提出投资者心态模型（BSV），他们把代表性偏差（representative bias）和保守性偏差（conservation bias）的变量引入投资者的行为模型中。代表性偏差指过分重视近期数据而忽视历史的总体数据，决策行为受小样本特征影响。保守性偏差是指投资者在新信息冲击时反应缓慢，不能准确地修正自己的预期。BSV模型假设收益满足随机游走（random walk），对于t期个别收益信息z_t（G代表好消息，B代表坏消息），投资者会产生两种反应：反应过度和反应不足。

反应不足，指t期的信息对股票价格的影响在当期没有完全体现，继续不断地在下期调整以释放出所有的影响，可以表示如下：

$$E\left(r_{t+1}|z_t=G\right)>E\left(r_{t+1}|z_t=B\right)$$

反应过度，指人们过分夸大了当期信息对价格的影响，从而在下一期价格有些回复性反应。这种情况常常出现在人们面临一系列相同性质（好或坏）的信息时，比如一系列坏消息会使人们过分悲观，如果都是好消息则会使人们过分乐观，可用下式表示：

$$E\left(r_{t+1}|z_t=G,\ z_{t-1}=G\cdots z_{t-j}=G\right)<E\left(r_{t+1}|z_t=B,z_{t-1}=B\cdots z_{t-j}=B\right)$$

其中，$j\geqslant1$。BSV模型对公开事件的惯性效应、预测效应和长期反转效应有很好的解释力。对于一个未预期的负的亏损增加，由于投资者的保守主义，他们会对亏损冲击反应不足；而真实亏损是随机游走的，往往下一次亏损的公告会给投资者带来"失望"，从而产生公开事件的预测效应和惯性效应。在经历了一连串亏损的冲击后，投资者会不断调整自己保守的心态，并在代表性偏差影响下预测亏损会继续，市场会进一步低迷，于是不断将价格推到比当前亏损更低的价格水平，反之亦然。

该模型认为，在中短期内投资者更愿意选择"反应不足"模型所作出的决策，在某种程度上反映了收益的惯性；而在长期内由于大量信息的存在，连续同质信息出现的可能性增加，投资者更倾向于选择"反应过度"模型所作出的决策，使收益或亏损出现反转。

当然，该模型也有一定缺陷，它不是在代表性偏差和保守性偏差基础上推演建立的，而是运用这两种偏差对投资者行为进行的补充解释和支持。在真实的股票市场中，投资者对未来预期的心理过程很复杂，用模型假设来抽象复杂的心理预期过程是存在局限的，因此BSV模型还有待于后续研究的改善。

三、过度自信与自我归因偏差模型

1998年，丹尼尔、赫什利弗和苏布拉马尼亚姆提出了过度自信与自我归因偏差模型（DHS）。该模型按照投资者的类别，将之分为有信息的投资者和噪音交易者。该模型认为，噪音交易者不存在心理偏差，有信息的投资者存在"过度自信"（overconfidence）和"自我归因偏差"（biased self attribution）。自我归因偏差，是指当公共事件的发生证实了个体行为是正确的时，投资者把这些归于自身能力；反之，当公共事件的发生与投资者的预想相悖时，投资者就将之归结于环境噪声和内部操纵等。这种偏差会带来股市短期正反馈动能效应和长期反转，导致投资者的过度自信。在过度自信的影响下，投资者通常会过分相信私人信息，忽视公共信息的价值，导致高估自身的预测能力，低估自己的预测误差。如果私人信息是负向（坏消息）的，过度自信会使投资者把价格压低到低于股票内在价值的水平，导致过度反应。随着公开信息的披露，反应过度的价格趋于反转，价格偏差逐步回归。

DHS模型认为公共信息和私人信息对投资者的影响是不对称的，公共信息不及私人信息的影响力大。如果投资者的私有信息得到了公共信息的印证，则投资者的自信心会有很大的增强；如果公共信息与他的私人信息正相反，投资者不会给予重视，自信心不太受影响，从而产生自我归因偏差。该模型认为，投资者的自信会因为公共信息与私人信息是否一致而变化，如果过度反应或修正期很长，则股价变化将表现出无条件短滞后期正自相关（惯性）或长滞后期自相关（反转性）。股市在开始时对无论是私有信息还是公共信息都存在过度反应，而后信息的披露又加剧了这一反应。因此，投资者对自身的过度自信引起股价的过度反应，之后股价会进入向内在价值回归的修正阶段。

当然，DHS模型也存在一些问题，如过度自信投资者的归类问题——其是否可以归属于如机构、投资专家和个人投资者等某类特定的投资者，或者同时归属于三者，噪音交易者是否也存在过度自信等，都有待研究者进一步解决。

四、信息扩展模型

1999年，洪和斯坦在有限理性投资者的基础上提出信息扩展模型

（HS）。该模型假定市场由"信息观察者"和"惯性交易者"构成，他们只能处理所有公开信息中的一个子集，私人信息在信息观察者之间是逐步扩散的。信息观察者只利用自己观察到的反映未来基本情况的信息作出预测，缺陷是他不能根据过去和现在的价格信息作出预测。惯性交易者与之相反，他们只能根据过去的价格变化作出预测，采取简单的单变量策略。HS模型提供了一种关于证券市场中期反应不足与长期反应过度的统一理论。它的分析主要分为两步：

第一步，假设市场上只有信息观察者时，股票价格对新信息反应缓慢，反映了信息的传播是逐步扩散的，这时存在反应不足，不存在反应过度。t时期的价格为：

$$P_t = D_t + [\ (z-1)\ \varepsilon_{t+1} + (z-2)\ \varepsilon_{t+2} + \cdots + \varepsilon_{t+z-1}\ ]\ /z - \theta Q$$

其中，D_t为t时期的股利，z代表信息的传播速度，θ是信息观察者的风险规避和ε的方差函数，出于简化考虑，假设θ为1。

第二步，惯性交易者进入市场中，他们以过去的价格变化为基础，并且利用信息观察者引起的反应不足进行套利，结果使价格加速向基本面变化，形成对信息的反应过度。t期的价格为：

$$P_t = D_t + [\ (z-1)\ \varepsilon_{t+1} + (z-2)\ \varepsilon_{t+2} + \cdots + \varepsilon_{t+z-1}\ ]\ /z - Q + JA + \sum \Phi \triangle P_{t-1}$$

其中，A为常数，Φ为弹性参数，由惯性交易者最优化形式决定。其他同上式。

HS模型认为，信息观察者实际上也是一种套利者，当他们发现股票的价格被低估或者出现某只股票的利好消息时，就会实施买入策略。惯性交易者会跟随买入，从而引起股票价格上涨。这种行为被后来的交易者误解为会有更多的利好消息出现，由此推动更多的投资者疯狂买入，最终引起股价过度上涨；反之，当他们认为有利空消息出现时，股价会呈现出相反的波动。由此可以看出，如果信息观察者对利好或利空消息存在反应不足，则不管其他投资者使用何种简单套利策略（惯性或反转性），都会出现长期反应过度。同时HS模型可产生如下结果预测：

1. 容易被证券分析师忽略的小盘股或其他非热门股票，因为其信息反应和传播速度缓慢，这类股票价格的短期惯性和长期反转现象更为明显。

2. 当私有信息转变为公开信息时，其比一开始就公开披露的信息更能引起股价的长期过度反应。

由以上分析我们可以看出，BCAPM、BSV、DHS、HS模型涉及不同的市场假设、心理学基础和投资心理偏差：BSV模型主要假设市场是均质的，并且基于代表性偏差和保守性偏差；DHS模型和HS模型都假设市场是非均质的；BCAPM、DHS模型将信息分为公开信息和私人信息，并且基于投资者的自我归因偏差，认为投资者对私人信息过度自信；而HS模型将投资者分为信息观察者和惯性交易者，并且暗示了信息观察者的保守思维和惯性交易者的代表性思维。

第六节　行为金融投资策略

欲推进我国金融高质量发展，培育信奉理性和价值投资的专业投资者尤为重要。心理学研究证实，人类的心理决策程序是在漫长的演化过程中逐渐形成的，所以其特性稳定，不会轻易产生明显变化，典型的例子像羊群效应、过度自信等。行为金融投资策略，就是利用投资者心理决策过程中存在的系统性认知偏差和心理偏差所造成的股票市场中风险和收益的错配而制定的投资策略。

也就是在大多数投资者还没有意识到自己的错误之前，投资于那些定价有偏差的股票或基金，并在其价格回归合理定位之后，再通过"以时间换取空间"的方式赢利。我们坚信，随着行为金融学的深入发展，行为金融将越来越多地为专业投资者所运用。国内外学者围绕行为金融的投资策略，做了大量的实证研究，重要的包括动量投资策略、小盘股投资策略、集中投资策略、逆向投资策略等。

一、动量投资策略

动量投资策略又称为惯性投资策略，指投资者利用股票在一定时期内走势的惯性效应和所表现出来的价格记忆（这与现代金融理论中提出的价格"随机游走"原则相反）。

德邦特和泰勒（1985，1987）最先开始对动量和逆向投资策略进行实证研究。其方法是按近三年的收益率的高低，将股票组成"赢家组合"和"输家组合"，每个组合各35只股票。研究发现：美国股票市场存在着投资者对信息过度反应现象，实施逆向投资策略能够获利，原因在于个股收益本身存在负的自相关性，各股票报酬间存在着或领先或滞后的关系。

杰加德什和提特曼（1993）以1965—1989年美国证券交易所的股票为样本，实证研究了投资者动量投资策略，发现买入过去6个月的盈利股票，并且同时卖出过去6个月的亏损股票，可获得近1%的月均收益。他们同时发现了动量投资策略获利性的季节效应，即在1月中亏损股票投资组合表现显著优于盈利股票投资组合，其他各月中盈利股票投资组合表现都优于亏损股票投资组合。德邦特和泰勒（1985）研究发现，投资者运用逆向投资策略，买进股市中过去2—5年中的亏损股票，并卖出已经大量盈利的股票，能够获取约8%的超额年度收益。

巴伯里斯、施莱弗和维什尼（1998），丹尼尔、赫什利弗和苏布拉马尼亚姆（1998），洪和斯坦（1999）认为：动量投资策略之所以能够成功，是因为投资者没有正确解读信息而造成行为偏差，并据此提出了著名的BSV、DHS和HS行为金融模型。这些模型认为，超额收益的产生是由于投资者对信息的过度反应导致亏损股票组合（赢利股票组合）的价格跌破（超过）其内在价值。

我国学者黄静（2006）的实证研究表明，沪市对预期的坏消息存在反应不足，对预期的好消息存在反应过度。王永宏、赵学军（2001）通过非重叠抽样方法，对全部A股按月收益率分为1月、3月、6月、9月、12月进行惯性投资策略研究，他们发现股票市场不存在反应不足，运用惯性投资策略不能获取收益；他们还通过重叠抽样方法，按照1—3年排序期、1—5年检验期对A股逆向策略进行研究，发现市场存在过度反应，逆向投资策略有效。

李心丹、王冀宁、傅浩（2001）针对个体投资者对"政策市"的反应进行了实证研究，结果发现存在过度反应。罗洪浪等（2004）利用A股市场1995—2002年286只股票的月收益率数据，采取均值—标准差比率优化配置方法，实证研究了我国股市动量策略和反向策略的适应性问题。他们发现：采取动量投资策略的赢者和输者组合，未表现收益惯性，却表现出反转现象。采取逆向投资策略的赢者和输者组合，亦表现出显著的反转性。奉立诚（2003）认为，我国股市不存在所谓的"1月"效应，但存在显著的"月初效应"，这在上海和深圳股票市场均有不同程度的反映。

二、小盘股投资策略

小盘股投资策略（Small Company Investment Strategy），又称为小公司效应，即选择流通股本数量较小的价值型股票进行投资。20世纪80年代，芝加哥大学的Banz实证研究证实：小公司股票收益率在长期内优于市场平均水平，投资回报平均收益率达1918%，证明了规模效应的存在。

由于小盘股的流通盘小，投资者所犯的系统性偏差更容易导致股价波动，投资者通常采用波段操作方法获得超额收益。Keim（1983）研究发现：小公司效应与"1月"效应存在着紧密的联系，因此运用此策略者可以1月初买进小公司股票，而在1月底卖出。杰加德什和提特曼（2001）对动量投资策略提出了异议，他们通过实证研究发现，在实施动量投资策略之后的12个月中形成了显著的盈利，随后的第13个月至第60个月中，此策略出现显著亏损。同时，小公司收益率反转效应很强，而大公司相对要弱一些。

Siegl（1998）的实证研究证实，小盘股比大盘股的年收益率平均高出约4.7%，而且小公司效应大部分发生在次年的1月份。此现象明显地违反了"半强式有效市场"假设。Pradhuman与Bernstein建议，在工业产值增加、通货膨胀率明显上升、经济繁荣的时期，投资者应转向小盘股风格的投资。

小盘股可分为小盘价值股和小盘成长股。Fama和French（1993）研究发现，小盘价值股导致小盘股效应。但如何认定小盘股，不同的国家有不同的标准。例如美国证券市场上的小盘股，可能比新兴市场上大盘股的流通规模还要大。另外，需要注意的是，因为股市整体规模不断扩大，对小盘股数量的界定随着时期的不同也会有所变化。因此，在选择小盘股时，投资者需要根据投资的实际情况来进行。国外一些投资公司，著名的如Fuller & Thaler基金管理公司，在运用小盘股投资策略方面取得了较好的投资业绩。

三、集中投资策略

集中投资策略（Centralization Investment Strategy）的思想，最初来源于英国经济学家凯恩斯（Keynes）。1934年，他在给商业同行的信中指出：

> 在股市中采取集中投资策略可以获取超过平均收益水平的长期收益。集中投资策略，指投资者将大部分资金投资于少数几种具有长期投资价值的股票，或是选择那些目前价值被低估但长期具有投资价值的股票。不管股市短期波动性多剧烈，坚持持股，不频繁换手，直到股价上升，获取超额收益。因此，该策略也可称为买入并持有策略。

集中投资策略不同于指数投资，与价值投资策略（Value Strategy）相对应，其之所以能够获得超额回报的主要原因：一是将注意力集中在少数几家上市公司上，可以有较为深入的研究，减少投资者的认知偏差，避免价格波动和投资者情绪波动引起的非理性行为；二是该策略能够运用价值投资的理念而获利，在股票低估时买进，不理会整个股票市场的高涨或低迷状态，当股价上涨后卖出获利。目前，集中投资策略已经被广泛采用，巴菲特的成功就是一个最好的注解。巴菲特通常有针对性地选取几家具有长期投资价值的上市公司，然后进行深入的研究，等待合适的投资时机，即股价跌至自己希望购买的价位，然后大量购买，并长期持有，等股价上涨到满意价位，交割获取最佳收益。例如，在20世纪90年代，他集中持有的华盛顿邮报公司、政府雇员保险公司、大都会、美国广播公司和可口可乐等五家公司，都为他的公司带来了满意的投资收益。

四、逆向投资策略

逆向投资策略（Contrarian Investment Strategy），是以行为金融理论作为指导、应用最为广泛也最为成熟的投资策略之一。逆向投资策略，是指买入目前市场预期存在偏差、定价过低的股票，并卖出同期市场表现被高估甚至存在泡沫的股票的投资策略，显然它是利用投资者对信息过度反应的结果进行投资的有效策略。其理论解释建立在众多实证研究的基础之上，并且已经证实一定时期的股票收益确实存在反转现象。其主要依据是投资者心理的锚定和过度自信特征。

该策略最初由被华尔街和新闻媒体称为"逆向投资之父"的投资管理人David Dreman提出，并应用于实际。他对逆向投资理论进行了深入研究，并在专著《逆向投资策略》中总结了四种选股的方法：低P/E（市盈率，P表示市场价格，E表示每股盈余）策略；低P/CF（CF表示每股现金量）策略；低P/BV（BV表示每股账面净值）策略和低P/D（D表示每股股利分红）策略等。

低市盈率策略是投资者最常使用的投资工具。市盈率可以分为市场平均市盈率与个股市盈率。市场平均市盈率常常被用于比较不同时期、不同市场间的估值水平，分析股票市场某一时期的投资价值，是宏观选择时的常用指标；个股市盈率是上市公司股票市值相对于每股收益的比值，是衡量股价高低和企业盈利能力的一个重要指标。由于市盈率把股价和企业盈利能力结合起来，其水平高低更真实地反映了股票价格的高低，常常被用于股票估值，是相对估值方法中的一种。

（一）著名的"希勒市盈率"法

实证研究发现：自20世纪30年代以来，美国市场中低市盈率股票在几年间的投资回报较高市盈率的股票高。市盈率指标最著名的运用者是美国行为金融学家罗伯特·希勒。希勒认为在计算盈利能力时，不应仅仅采用过去一年的数据，而应使用过去几年的EPS均值，以提升市盈率值的稳定性。最终他根据巴菲特老师格雷厄姆使用的用于个股市盈率的方法，提出著名的希勒PE指标：采用10年的移动平均盈利的方法运算。

希勒在分析了美国过去百余年（1881—1994年）市场市盈率与标准普尔综合指数的表现后，发现在低市盈率时间点的投资，其后未来10年中获得较高收益的概率大增。

同样，另一位研究者Mebane T. Faber用1881年到2011年的美国市盈率数据进行市场回测，发现在PE低于10倍的时候买入美股，未来10年的年化收益率有望超过10%；当PE在10～20倍区间时买入，未来10年年化收益率小于3%；而当PE>30倍时买入，将产生负回报，这也在一定程度上验证了此指标的有效性。尽管希勒经过长期研究得出的结论，大家可能认为过于容易理解，但是这个"逆向投资"的法则却不是人人能够遵从的。有一个故事和此类似：白居易在地方为官的时候，听说当地有一位得道高僧——鸟巢禅师，便前去寻访，问禅师如何修行，禅师答曰"诸恶莫作，诸善奉行"，白居易很不以为然，这不是连八岁的孩子都懂的吗？禅师答曰："八岁的孩子都知道的道理，百岁老人不一定能做到。"一般投资者很难坚持即使是最简单的投资纪律，他每天不断被信息"噪声"所干扰，又在情绪影响下向大众的意见轻易投降，反反复复陷入亏损的死循环。

"希勒市盈率"指标与未来十年股价的增长率存在显著的负相关性。需要注意的是，线性关系的显著性需要限制在一定的范围内。2000年的希勒市盈率值为44.9倍，达到前所未有的峰值，如果运用回归结果对未来十年的股价估值，则未来十年股市会经历灾难性的打击。然而当时希勒认为这并不能作为准确估值的判据，因为44.9倍的高值已经远远偏离正常范围，因此只能据以推测未来十年的经济会受到一定影响或经济增长缓慢，但不能直接根据回归结果得出经济衰退的结论。对于深谙行为金融学理论的希勒教授而言，这个说法应该是遵循了有限自信的原则，给他留下了较大的置信空间。

后来，果如"希勒市盈率"所预示的，44.9倍市盈率没有继续突破新高，而是发生了2000年美国网络股泡沫的破灭和2007—2008年美国的"次贷危机"，引爆房地产泡沫，全球金融市场也几近崩溃。2013年10月诺贝尔经济学奖颁给了希勒教授与其他两位经济学家尤金·法玛（第四章中的有效市场假说就是由法玛于1970年提出的）、彼得·汉森，以表彰他们在对"资产价格的实证分析"领域的贡献。

（二）"希勒市盈率法"在A股市场的检验

尽管我国A股市场产生的时间较短，没有美国股市上百年的历史，但是，低市盈率投资的方法亦有充分发挥的余地。如下，我们根据"希勒市盈率"的方法，利用A股市场的数据进行分析，看是否低市盈率的投资也适合中国的股市。我们统计1995—2009年每年12月份的市场市盈率，和假设在每年12月的市场市盈率的时点进行投资未来2年期的收益率，看到各年份的散点也存在从左上角向右下角倾斜的分布规律。如果我们把时间拉长，统计1995—2020年A股市场市盈率与未来两年盈利的关系，同样可以看出从左上角向右下角倾斜的分布规律。运用Eviews工具，进行以未来两年收益率为被解释变量、A股市场市盈率为解释变量的LS模型回归，发现回归系数为负，这与我们的预期是一致的，即表示两者的反相关；但是R^2值仅为5%，表明以单一的解释变量进行回归的模型的解释程度不高（见表5–1）。这也帮助我们理解了希勒教授的研究成果，即"希勒市盈率"指标与未来十年股价的增长率存在显著的负相关性，但需要注意的是，线性关系的显著性需要限制在一定的范围内。

因为市场的行情是一个复杂系统，其解释变量众多，仅用一个估值（PE）指标是难以完全解释清楚的，这也就是希勒教授在研究历史信息的基础上，也并不敢断定2000年美股44.9倍的超高市盈率预示着美股马上暴跌的原因，在不过度自信方面他无疑是非常优秀的。当他获得诺贝尔经济学奖后，一位中国学者曾问他："中国经济最大的风险是什么？"他的回答言简意赅："中国经济面临的最大风险是没有经历过衰退、萧条、危机，中国的发展太顺利了，一旦出现危机，就很难有正确的判断和应对。"但愿我们能够从他的这一预言中获得足够的警醒。总之，以上的研究一定程度上表明了在我国A股市场上，选择低市盈率时进行投资，在未来获取较高收益的概率明显会高一些。

表5-1 上证综合指数市盈率与未来2年收益率的回归分析结果

Dependent Variable: YIELD_2Y
Method: Least Squares
Date: 11/15/22 Time: 22:00
Sample: 1995M01 2020M11
Included observations: 311

Variable	Coefficient	Std. Error	t-Statistic	Prob.
C	0.528775	0.077566	6.817105	0.0000
PE	−0.010171	0.002439	−4.169945	0.0000
R-squared	0.053275	Mean dependent var		0.248250
Adjusted R-squared	0.050211	S.D. dependent var		0.698680
S.E. of regression	0.680914	Akaike info criterion		2.075647
Sum squared resid	143.2658	Schwarz criterion		2.099698
Log likelihood	−320.7632	Hannan-Quinn criter.		2.085261
F-statistic	17.38844	Durbin-Watson stat		0.064920
Prob(F-statistic)	0.000040			

（三）其他逆向投资法

实证研究表明：无论股市处于高涨时期，还是低谷时期，低P/BV（市值/账面）和低P/CF（市值/现金流）策略，与低P/E策略类似，都是投资者辨别价值低估股票的较好方法。现金流情况反映企业在不利的市场竞争格局下稳健防御的经营能力。在经济危机发生时，企业就是所谓"现金为王"。上市公司市值/账面的比率，反映了企业的虚拟资本与账面价值的对比情况。企业的重置资本相对越高，或者市值/账面越低，表明企业越具投资价值，此时实业资本会有冲动增持自己的股票，从而提升未来的股价。低P/D（市值/分红）策略是指在选择股票时，相对价格而言，选择高分红能力的股票。对于机构投资者而言，经常需要配置能够提供长期稳定分红收益的股票。因其红利较高，持有这种股票长期来说，类似于持有较高利息的固定收益债券。特别是，在通货膨胀时期，高分红股票能更好地保全收益，而且优于长期的固定收益债券。另外，高红利股票不仅有稳定的红利收入，其资本的安全性也高于一般的小市值股票，因此成为养老金和企业年金等稳健型机构投资者的首要选择之一。

一般的，投资者在采用逆向投资策略的同时，会较长时期地持有股票，从而有效地降低交易佣金与交易成本，这一点投资者通常会忽视，但事实上，高换手率行为造成股票交易成本高昂。例如在流动性欠缺的小股票中，有关统计显示：高频率交易对成本的冲击甚至会占到股票价格的1/8至1/4。总之，降低换手率，可以有效提高投资收益。

五、全天候策略

经济环境总是有好的时候和坏的时候，而不同的周期下利好的资产类别不同。桥水基金提出了一种全天候策略，这种策略的目标是不去人为地预测宏观环境，因为它清楚地认识到没有人能够预测得准。更形象一点，就像天气一样，如果不知道明天是晴天还是雨天，那么阴雨和晴明的资产我会都配置一些，因为我知道我不知道明天的天气。因此，要实现上述目标，需要依据一些关键的经济指标（经济增长与通胀水平）对市场波动进行划分，并寻找适合每一个状态的资产类别构建最终的投资组合。这里的市场波动是指，相对于已经形成的一致预期，市场或经济环境的偏离情况。

在完成了资产的选择之后，接下来的问题便是如何给它们分配权重。全天候策略使用完全不同于以往的配置理念——提倡配置风险，而不是配置资产。它根据经济增长和通胀水平划分而得的各个经济状态，会分配以相同的风险，从而保证投资组合在任何情况下都不会集中暴露于某一类风险。从理论上讲，其投资组合可以抵御各种风险事件，并且能够在各种经济环境中实现良好的投资回报。这就是所谓的"全天候策略"（All Weather Strategy）。

比较了经济增长及通胀水平和市场的一致预期后，全天候策略将经济环境分为四类：经济增长（GDP）高于预期；经济增长低于预期；通胀水平高于预期；通胀水平低于预期。其中，宏观经济的预期增长率水平，可以通过一国的潜在增长率水平衡量，研究者通常利用索洛模型（Solow model）等进行经济潜在增长率水平的预测。通货膨胀一般被定义为经济运行过程中，商品和服务价格的上涨。经济学家的共识是，长期的通货膨胀仅仅是一个货币现象，与央行的货币政策有关。简单来说，经济中货币的总量应当基于央行认为的与可持续的产出相匹配的通货膨胀率。事实上，全球主要国家和地区的央行都会公布自己的通胀目标，因而可以将其作为长期通胀率的可靠预测。

总之，全天候策略认为，长期来看，任何投资的价值都主要取决于这两大因素——经济活动水平（增长）和价格水平（通胀）。在预设了可能出现的经济环境后，下一步就是挑选在相关经济环境下表现突出的资产。表5-2简单总结了全天候策略在不同经济环境下所配置的资产类别。尤其值得注意的是，全天候策略并不花精力去研究哪种资产会在未来某个阶段跑赢市场，而是在借用杠杆后，保持不同经济环境下的投资组合的风险完全一致，因此每个组合（经济增长、通货膨胀均高于预期，经济增长、通货膨胀均低于预期，经济增长高于预期但通货膨胀低于预期，经济增长低于预期但通货膨胀高于预期）的权重都为25%。

表5-2 全天候策略在不同环境下配置的资产

市场环境	经济增长	通胀水平
高于市场预期	股票、商品、公司债、新兴市场债券	通胀联系债券、商品、新兴市场债券
低于市场预期	国债、通胀联系债券	股票、国债

全天候策略的思想是从对投资回报的分解中形成的，所有投资品的收益都可以分解为3个部分：①现金（Cash）回报率；②高于现金的基准收益率，即市场的超额回报率（Beta）；③来自主动管理的收益（Alpha）。

即：$Return$（回报）$= Cash$（现金）$+ Beta + Alpha$

其中，现金回报率由央行控制，投资者无法主动选择。$Alpha$（也就是交易策略）是无穷无尽的，也是昂贵的。同时，$Alpha$是一种零和游戏，存在必然的赢家和输家。因此，在桥水基金的理念中，首先它不去挑战这个难点，在自我意识上桥水基金不是"自信"的，它不认为它能够轻易战胜市场，在市场中$Beta$才是投资回报中最重要的部分。长期来说，$Beta$的平均回报是高于现金的，并且相对$Alpha$，$Beta$更易获得。根据这一逻辑，投资的关键就应该是确定$Beta$的配置，而不是追求战胜市场。全天候策略试图解决的问题就是：应该建立一个怎样的大类资产组合，即持有多少比例的股票、债券和商品，才能保证在所有经济环境下都能有良好的表现。

这种策略的成功给我们的启示是，我们在资产配置的决策上不要要"小聪明"，认为自己比别人强，而多数人都相信自己高人一等。1981年，斯德哥尔摩大学的一位心理学家奥拉·斯文松发现，88%的司机认为他们的驾驶安全系数要高于一般水平。这种认知偏差甚至会累及那些本该意识到过度自信危害的人：K. 帕特里夏·克罗斯于1977年所做的一项研究发现，在内布拉斯加大学，超过 90%的教师都认为他们的教学质量高于平均水平。作为一名大学教师，看到这个结果以后，我心中十分忐忑。我自认高于平均水平，但也许过于自信了。这个答案只能由学生来判断，我们所有人都或多或少地受到过度自信的影响。

全天候策略以老实的态度来做投资，它不去预测未来，因为没有人知道宏观经济如何发展，甚至包括美联储主席，但它利用许多历史数据去研究各类资产的风险特征，然后根据这些风险特征，以相同的风险贡献度来平均配置资产，产生了一个简单的"风险平价"的思想，也就是"全天候策略"基金的概念。老子《道德经》中讲道，"为学日益，为道日损，损之又损，以至于无为"。以"无为"的思想理解，简洁原则在投资里非常重要。如果投资原则设置得过于复杂，在决策之后的投资管理环节会比较麻烦，太多变量需要你去考虑和跟踪，市场条件随时间变化后，你的投资初衷或许已被忘记。

全天候策略一度在我国的公、私募基金管理公司中非常流行。笔者在国投泰康信托从事资产管理时，曾针对风险平价思想在中国A股市场的运用做了一些研究。前面我们提到马科维茨的"均值–方差"模型推导出的一个重要的结论就是，要选择低相关性资产构建证券组合。因此，我们选择了四种相关性相对较低的资产（根据相关系数）——国债、黄金、沪深300、标普500（均有对应的场内基金交易标的）构建组合。依据各类资产过往1年的波动率数据，按照每类资产对组合的风险贡献度均衡的原则，构建大类资产权重，经运算各期具体比例如下：

表5-3 经测算风险平价（无杠杆假设）原则下的基金配置权重

大类资产	黄金ETF	标普500	300ETF	国债ETF
日期	权重w1	权重w2	权重w3	权重w4
2019-01-02	20.88%	7.83%	6.43%	64.86%
2019-02-01	21.24%	7.73%	6.36%	64.67%
2019-03-01	21.99%	8.50%	6.08%	63.43%
2019-04-01	20.81%	8.58%	5.87%	64.74%
2019-05-06	20.82%	8.76%	5.85%	64.57%
2019-06-03	20.49%	8.75%	5.68%	65.09%
2019-06-28	17.52%	8.96%	5.83%	67.70%

根据以上权重构建，我们进行了模拟仓位的运行。平价组合是依据所测算的四种资产的风险配置比例构建，为避免交易费用，其间不再做比例上的调整，最新的该风险平价基金组合2019年的年化收益率为12%，同期沪深300的收益率为25%。风险平价的"全天候策略"是一种寻求长期稳健收益、穿越牛熊周期的管理策略，因此不能简单与同期的大盘相比。它的重点是在不同宏观经济条件下寻求均衡的表现，尽管短期业绩还不足以证明什么，但可以看出我们的平价组合的各期回撤均好于组合中各成分基金的表现。

第六章

崭新的交叉学科：
金融心理学

第一节　代表性思维

行为金融学的发展离不开各种心理学理论。大量的心理学研究成果显示，人们在进行实际的投资决策时，其信念的形成并不遵循贝叶斯理性，其选择的偏好也并不满足"理性"的假设，而是存在种种"非理性"的局限。事实上，这种"非理性"成为人们在实际生活中的一种普遍的思维和决策模式，对其决策行为和结果产生总体的和长远的影响。本章介绍应用于行为金融学的主要的心理学理论。

斯塔曼（1999）认为金融学从来没有离开过心理学，一切行为均是基于心理学思考的结果，行为金融与传统金融理论的不同在于对心理、行为的观点有所不同而已。早期将心理学理论运用于经济学的著名的心理学家有卡尼曼、特维斯基、塞勒和希勒等，同时主流经济学的一些经济学大师如阿罗、凯恩斯、萨缪尔森、麦克法登和戴蒙德等也促进了心理学理论在经济学方面的发展。1982年，卡尼曼、特维斯基的研究表明，投资者对信息的过度反应是所有的证券市场和期货市场的特点。2001年，拉宾教授总结了心理学在经济学中的应用及未来发展远景，他指出将心理学关于人类行为的理论运用于现实经济理论中的研究已经成熟，足以形成一门边缘学科，即"行为经济学"。2002年诺贝尔经济学奖授予了丹尼尔·卡尼曼和弗农·史密斯教授，标志着行为金融学已经进入主流经济学领域。

一、来自大学生成绩（GPA）的实验心理学例子

影响金融决策的最重要原理之一是代表性思维（representative approach），即指基于成见的判断。"代表性"的汉译语境比较陌生，这里我们可以借用直线思维或直觉判断来帮助理解，以便把握它是基于成见来判断、带有贬义的思维方式的概念。代表性思维由心理学家卡尼曼和特维斯基（1972）提出，并重印于卡尼曼、斯洛维奇和特维斯基（1982）编辑的文集中。其中引用了一个与大学新生录取有关的例子，大意是录取决策取决于学生的学业表现，录取官试图根据学生高中平均成绩点（GPA）水平来预测其未来GPA。这里是圣克拉拉大学（Santa Clara University）本科生的一些实际数据，涉及1990年、1991年和1992年入学的学生。

这一期间，新入学的学生高中GPA是3.44（标准差为0.36），同样的学生样本在大学期间GPA的均值为3.08（标准差为0.40）。实验者仅根据三名学生的高中GPA去预测其本科时的平均绩点。通过实验，赫什·舍夫林得到了非常一致的答案。表6-1包括了平均预测值和实际结果。

对这一问题的平均预测是2.03、2.77和3.46，而实际结果分别是2.70、2.93和3.30。注意，在较低的和较高的那两端，预测值都与3.08的均值相差太远，而实际上三位同学都得到了比预测值更接近于均值的大学平均成绩点。这表明人们低估了学生未来学业成绩存在向均值回归的程度。

表6-1　入学后大学生的实际GPA比预测GPA更接近平均值

学生	高中GPA	预测的大学GPA	实际的大学GPA	实际大学GPA均值
1	2.20	2.03	2.70	
2	3.00	2.77	2.93	3.08
3	3.80	3.46	3.30	

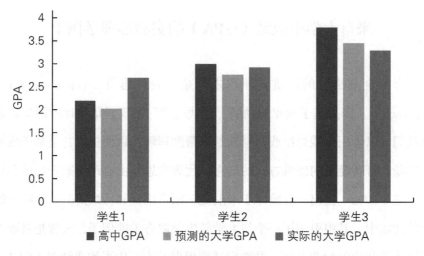

图6-1　三名高中生入大学后实际GPA比预测值更加接近平均值

代表性思维是关于对成见的依赖，如上面举出的例子，人们普遍会简单预测一个人的大学成绩将与高中成绩表现相同，这就是一种直觉或叫直线思维。据此，人们会认为一个高中成绩很好的学生是未来有代表性的好学生，而一个高中成绩差的学生未来表现也不会太好。他们似乎没有考虑到，高中学习差的学生可能存在其他方面的因素影响了他的潜力的发挥，例如学习环境、家庭关系或早恋等个别的因素。作者目前也在高校工作，知道大学生高考成绩不理想可能源于多方面的原因，常见的比如家长给予学生过高的期望而带来的心理负担、家庭出现变故（如父母离异）影响学生的发挥等，甚至也有的就是单纯运气不好，正巧没有复习到考点。在对历史信息产生了固化的代表性思维后，人们会推断高中表现比较差的学生在大学里表现得也很差。

因此，人们习惯用到的直觉推断会带来偏差；代表性思维可能产生误导。人们没有认识到向均值的回归（即差的同学向中游提升，好的同学不会持续拉开差距，也向中游回归）。

"代表性现象"应用在金融领域的案例，是沃纳·德邦特和理查德·塞勒（1985，1987）所研究的输家-赢家效应（Winner-Loser Effect）。他们发现，在前三年里是极端输家的那些股票，在随后的三年里将比过去那些极端赢家的股票表现好得多。德邦特（1992）指出，证券分析师所做的长期盈利预测，倾向于出现近期继续保持盈利的方向性偏差。中国股市也存在着同样的"代表性现象"。

各种细分行业龙头被冠以"茅"称号，和市场上的"茅指数"，将贵州茅台作为龙头股的符号代表推向了巅峰：如宁德时代被称作锂电茅，比亚迪被称作汽车茅等，见表6-2。这种代表性现象将茅台的股票价格推升至不可思议的高度，过去十年（2013年2月至2023年2月）间茅台价格上涨13.2倍，市值达到2.25万亿元。而A股国防军工整体上市公司总市值也就2.25万亿元，房地产业上市公司市值为1.66万亿元，文化传媒行业为1.33万亿元，钢铁行业为0.97万亿元，远不及一家白酒上市公司的总市值，明显属于市场在代表性思维下的过度反应。2021年2月，贵州茅台股价达到每股2543.18元对应市值3.2万亿元的历史高点。此后，国内投行如中信证券行业研究员仍然在代表性思维下预测该股未来1年每股3000元的目标价。大部分证券分析师对近期的赢家上市公司都会比对近期的输家上市公司要乐观得多，在这方面他们存在过度反应，也失去了专业的理性判断。

表6-2　各种细分行业龙头被冠以"茅"称号

	名称	茅名称	总市值（亿元）	行业	市盈率（TTM）
	贵州茅台		22483	白酒与葡萄酒	38
1	宁德时代	锂电茅	10998	电气部件与设备	43
2	招商银行	银行茅	9712	多元化银行	7
3	比亚迪	汽车茅	8339	汽车制造	84

	名称	茅名称	总市值（亿元）	行业	市盈率（TTM）
4	五粮液	白酒茅	7728	白酒与葡萄酒	30
5	长江电力	电力茅	4855	电力	23
6	中国中免	免税店茅	4259	酒店、度假村与豪华游轮	85
7	迈瑞医疗	医疗茅	3924	医疗保健设备	42
8	海天味业	调味品茅	3602	食品加工与肉类	54
9	美的集团	家电茅	3594	家用电器	12
10	隆基绿能	绿能茅	3496	半导体产品	28
11	海康威视	监控茅	3463	电子设备和仪器	24
12	中芯国际	芯片茅	3399	半导体产品	27

二、易得性经验法则（availability heuristic）

心理学家研究发现，不管记忆中某件事件发生的客观概率多大，新颖性、显著性、生动性等因素均会影响人们的认知可得性。例如，在美国被飞机掉下来的零件砸死，或被鲨鱼咬死，哪个造成的死亡人数更多？绝大多数人认为鲨鱼咬死的人数更多。因为被鲨鱼咬死的案例比被飞机零件砸死的案例更能引起人们关注，鲨鱼吞人的血淋淋场面人们更容易想到。但事实上，在美国掉下来的飞机零件致死的人数，是被鲨鱼咬死人数的30倍。尼斯贝特和罗斯（1980）的研究表明，决策者更容易被生动的信息，而不是枯燥、抽象的统计数据所影响。

卡尼曼和特维斯基（1971）总结了四类能够影响人们对事件错误判断的情形，包括：

·过去事件发生的频率，其频率越高，人们越容易记起。

·对事件的熟悉程度，越熟悉，人们越倾向于做出判断。

·事件的不同寻常性，越特殊的事件，越容易让人记住。

·事件发生的先后，时间越靠近，越容易记忆。[1]

　　因此，在股票市场上，当颇受关注的热点出现时，会吸引过多的资金介入，并吸引更多的眼球。至于一直存在的信息人们则不断忽视，因为传统的金融理论认为这些过时的信息经市场"聪明钱"的充分交换已经被价格所体现了。这不是没有道理，市场不应该长期偏离价值。因此，人们在资本市场也是求新求异。中国A股市场对于新股发行、新的创新型的金融产品的盲目追捧，使许多投资者在市场气氛的推动下高价追入，然后在短期套利资金退出以后，股价落入漫漫的下跌熊途，这在市场上屡见不鲜。事件发生的时间越靠近，越容易记忆。就像股市中经常用来调侃的一句话说的，"股民像金鱼一样，只有7秒钟的记忆"，人们对于最近的市场记忆赋予更大的权重，而对于历史选择忘却。因此，在形成热点的过程中，例如并购高科技股、新的信息技术的出现，这样的消息经过大范围传播就会引起投资者广泛注意。投资者按此信息进行交易，大量资金流入该股，从而引起该股票大幅波动。股票市场每次大行情或大跌或大涨，都离不开投资者的过分关注。

　　这是"远川科技评论"2023年1月发表的一篇文章：

　　　"2022年12月份的时候，ChatGPT还只是个被人各种撩的聊

　　天工具。但进入2023年后，已经向着效率工具迈进了。微软宣布

---

① Tversky, A. and Kahneman, D., "Belief in the law of small numbers", *Psychological Bulletin*, vol.76, 1971, pp105–110.

正和 ChatGPT 开发团队 OpenAI 进行洽谈，投资百亿美元，并计划把这个工具整合到云服务、搜索引擎甚至 Office 中。海外高校、学术机构，也兴起了关于用 ChatGPT 写论文是否合规的大讨论；咨询公司也开始担忧是否会被抢饭碗。毫无疑问，ChatGPT 的应用热情，已经被点燃；应用场景也不断拓展。

......

但是，AI能力的提升，并不是一蹴而就，而大部分则经历了"模型突破—大幅提升—规模化生产—遇到障碍—再模型突破—大幅提升"的循环发展。而要实现落地、走进人类生活，则必须具备"规模化生产"的能力，在资源消耗、学习门槛等方面大幅降低到平民化。

......

随着微软对 ChatGPT 的关注，产业、投资圈都热了起来，美股 BuzzFeed 因为要采用 ChatGPT 技术就实现了两天涨三倍的壮举（见图6-2）；H股、A股也迎风而动，不少上市公司也表态具备技术积累。

而截至2023年8月25日，BuzzFeed的股价已经跌至不足0.1美元。

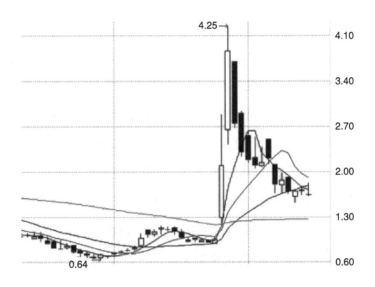

图6-2　对外表示要采用ChatGPT技术前后美股BuzzFeed的涨幅

第二节　经验法则

现代认知心理学（Cognitive Psychology）认为人类是信息的传递器和信息加工系统，在决策过程中会经历知觉、注意、记忆、抽象、推理与判断等复杂的认知过程。但实际生活中，人们在认知过程中会尽力寻找捷径，通常会依据自己的直觉或一些常识、经验做出决策。菲斯克和泰勒（Fiske，Taylor，1991）的研究显示，人类是"认知吝啬鬼"（cognitive misers），他们总是把复杂问题简单化处理，以节省自己的认知能量。人们依据知觉、经验或常识进行判断和决策，虽然可能会得出合理的结果，但也可能出现系统性的偏差。

启发式是一种凭借经验、简捷、笼统的解题方法，又称为经验法则或拇指法则（The Rule of Thumb）。Polya（1954）认为启发式是解决难以用逻辑和概率论处理的问题的一种有用的甚至不可缺少的认知过程。特维斯基和卡尼曼（1974）也指出："依赖典型经验法则（heuristic bias），人们将复杂的概率和价值估计问题转化为简单的判断工作。一般而言，这些典型经验法则非常有效，但有时也会导致严重的和系统性的偏差。"①

在多数情况下，经验法则是一种有益的启发法，但由于这种判断方式通常会使个人忽视客观概率事件判断所需要的独立性、先验概率以及样本规模大小等前提条件而出现决策失误，它对人们的决策影响有以下几方面：

一、对先验概率不敏感

在不确定条件下进行决策时，人们在估计事件的发生概率时经常忽视事件的基率，过度重视某一个或者某些具体信息，而不是将基率与具体的信息结合起来，从而产生"基率忽略"偏差。这种代表性偏差预示着人们在决策判断时可能会过度自信。大量的心理学研究成果显示出人类倾向于过分相信自己的主观判断，低估客观因素包括外部环境、偶然性的影响，高估自己成功的概率，这种心理偏差被称为过度自信。

心理实验发现，人们尤其是专业人士（包括医生、专家）通常会夸大自己的知识和技能，表现在：①人们会将事件发生的可能性向着自我意愿发展的方向夸大，不能对事物客观评价。当希望某个结果出现时，他们主

---

① Tversky, A.and Kahneman, D., "Judgment under uncertainty: Heuristics and biases", *Science*, vol.185, 1974, PP1124–1130.

观上将这个结果出现的概率夸大为必然事件；否则会忽视这个结果，主观认为不可能发生。②人们对不确定事件发生的概率设置的置信区间过于狭窄。例如，他们98%的置信区间可能只包含了60%的真实数量，这会使投资者有选择性地接收那些能够增强他们自信心的信息，忽视上市公司基本面信息，特别是那些有损自信心的信息。

二、事后聪明偏差

过度自信是导致事后聪明偏差（hindsight bias）的重要心理因素，投资者通常把事件的发生视为必然，而没有意识到对已有结果的分析会影响之后的判断，认为此种事件是容易预测的，却无法说明结果产生的原因。

美国行为经济学家希勒对1987年美国股市大跌的调查问卷中设计了如下问题：

"现在你认为市场会在什么时候发生反弹？"

在未参与交易的人中，有29.2%的个人和28%的机构回答"知道"，在参与交易的人中接近50%的人回答"知道"。

接下来的问题是：

"如果回答知道，你是如何估计何时会反弹的？"

绝大多数人回答 "内心想法" "直觉" "历史证据或常识" 或者 "股市心理学"，同时很少有人提到具体的事实或明确的理论依据。这种现象增加了投资者投资决策行为的不确定性。

可以说，事前的过度自信和事后聪明偏差推动了股市泡沫形成过程中的过大交易量。Kahneman和Riepe（1998）通过调查发现，过度自信会使投资者在预测股票市场指数波动范围时设置较窄的范围，而实际指数不是远高于就是远低于其预测值。这种判断上的偏差反映在股票价格上就会出现反应过度或反应不足。按照贝叶斯法则，设有x个独立事件Ai，事件Ai发生都会有B现象伴随出现，出现的概率为$P（B/Ai）$，则Ai发生的概率依据理性原则应当符合：

$$P（B/Ai）=P（Ai）P（B/Ai）/\sum P（Ai）P（B/Ai）$$

事实上，在实际投资操作中人们并不按照此法则行事，而会忽视基率的存在。米尔与罗森（P. Meehl，A. Rosen，1955）于1954年最先注意到人们容易忽视基率这一现象。丹尼尔·卡尼曼和阿莫斯·特维斯基曾举例说明：

> 某城市有A、B两个出租车公司，其中A公司的出租车的颜色全是蓝色的，并且数量多，占到该城市出租车总数的85%，B公司出租车颜色都是绿色的，其数量只占15%。一天晚上，一辆出租车撞人逃逸，据目击者称出租车颜色是绿色的，但法庭对证人进行辨认出租车颜色能力测试时，发现证人有80%的概率能正确辨认出车辆颜色，有20%的概率把蓝、绿色混淆。那么，这辆出租车是绿色的概率有多大？实验发现，大部分人有80%的把握相信证人指证是可信的。事实上，肇事车是绿色的概率只有41%，在实验中很多人忽视了85%的出租车是蓝色的基率事实。马亚·巴-希勒尔（Maya Ba-Hillel，1980）就这一问题对52人进行实验，结

果36%的人完全把自己对该概率的估计建立在该证人的指证的可信度上，只有约10%的实验对象对该概率的估计大体接近依据贝叶斯定理而得出的概率。

三、赌徒谬误

人们会夸大一个小样本与总体密切相关的可能性，或者夸大样本的概率，产生"小数定律"，即人们错误地认为小样本与大样本有相同类型的概率分布。例如：人们会认为能够连续挑出4只好股票的金融分析师，是优秀的分析师的代表。当人们事先知道事物的概率时，小数定律还会产生"赌徒谬误"。即：已知某一事件的客观概率，例如投掷硬币正反面出现的概率各为50%，人们会从主观上高估小样本事件中未出现的概率。例如某人连续投掷硬币8次都是正面，他会倾向于认为第9、10次投掷硬币出现反面的概率比正面概率要高，从而增强了赌博心理。事实上，连续抛掷8次出现正面的概率是1/256。

小数定律偏差还会导致人们"趋势追逐"，这个术语放在股市中就是人们常说的"趋势交易"。人们仅仅通过少量的数据便会轻易判断出一个系统性的趋势的形成，统计学上称为"堆积幻觉（clustering illusion）"。人们对一系列随机事件中的长期倾向（lengthy streaks）预期太少。由于均值回归，人们对长期倾向作出不正确的解释，而认为它们只是偶然出现的。例如，在篮球运动中人们普遍相信"热手（hot hand）"现象，即有些运动员是状态型选手，他们有时"神勇"，有时"低迷"，似乎无法用随机性来解释。

赌徒谬误是一种对偶然性的误解，是指人们会把随机发生的事件看成是有规律的事件，或是把导致事件发生的一个条件看成是导致事件发生的充分必要条件，从而导致局部代表性（local representativeness）。例如抛硬币实验中，"正—反—正—反—正—反"出现的概率大于"正—正—正—反—反—反"。对预测性不敏感，指人们经常依据自己掌握和理解的信息（主观信息）做出判断，而忽略掉不熟悉或看不懂的，但可能是关键的信息。在股票市场中，当面对一组上市公司未来利润描述的信息时，投资者经常会因为某公司在未来发展规划和利润预测方面有好的描述，而容易得出该公司未来利润高并值得投资的推断；反之，则得出不投资的结论。显然，他们的预测对证据的真实性和准确性不敏感。

四、锚定与调整效应

锚定与调整经验法则指人们对某一特定对象进行评估或预测，根据初始资料选定一个参考点或起始点，然后再通过反馈信息不断地调整自己的初始值，以获得事件的最终解决办法。人们依据最初得到的信息形成锚定效应（anchoring effect），从而影响对事件的估计。斯洛维奇和利希滕斯坦（1971）研究表明，在对不确定量进行估计时，对偏离初始值的调整（adjustment）通常是不充分的，同时不同的参考点会得出不同的结论，这容易引起决策的系统性偏差。1974年，卡尼曼和特维斯基通过使用幸运轮估计非洲国家在联合国总席位的占比的实验证明了此现象。当第一组受邀参加测试时，幸运轮指针随机转动停留的数字为65，结果该组的平均估计值为45%。当第二组受邀参加测试时，幸运轮指针随机转动停留的数字为10，结果该组的平均估计值为25%。虽然所有的被测试者都知道非洲国家在联合国席位中所占的比例与幸运轮的指针指示数字无关，但被测试者的选择明显受到了指针数字的影响。

　　锚定效应是普遍存在的。在求职市场上，一般的人力资源考官最看重你的最近的职业情况，而对更早以前从事的职业往往一带而过；而有经验的人事经理则会抽丝剥茧，从你的所有职业经历中找出主线，析出有关你个人性格、能力、职业素养等重要信息，并对你是否能胜任新岗位做出准确判断。

　　在股票市场中，锚定效应表现在投资者对股票最新价格（最近收盘价）的锚定上。在评价股票价格高低时，投资者会把价格锚定在记忆中离现在最近的价格。因此，当股票市场出现大的基本面、政策面变化时，投资者由于受锚定效应影响而不能根据信息做出充分的策略调整。在判断未来一个时期该股票价位的调整空间时，会倾向于选取一个较窄的置信区间，导致预期值与信息所带来的结果有较大的偏差，从而投资失误。希勒（1990）研究指出：专业机构通过把握市场的变化以及探究价格序列的相关性并从中获利，其定价的潜在假设就与股价的锚定心理效应相符。

　　锚定效应的心理会使人假设价格变化是连续的、带有记忆的和小幅波动的，而忽略了市场的重大变化以及股票价格出现"极端值"的情形，而极端值在股票市场投资中的作用很明显。曾经一位国内基金经理告诉作者，如果剔除极端值，过去十年我国的A股市场指数要下跌50%，而普通投资者的投资体验不好就与此相关，因为普通交易者可能由于过度自信进行了过多的择时操作，从而常常"完美"错过一些较大的股票涨幅。

第三节　框定依赖偏差

　　心理学家研究发现：人们的投资决策不是按照传统经济学家提出的一系列规则来进行，而是根据过去的经验以及事件发生的环境背景进行，并因情境和问题的陈述与表达方式以及个体的价值观、习惯及人格特质等不同而有所不同，这就是框定依赖（framing dependence）。错觉效应可以让我们看到背景依赖的作用。著名的有Müler-Lyer错觉和戴勃福错觉，如图6-3、图6-4所示：

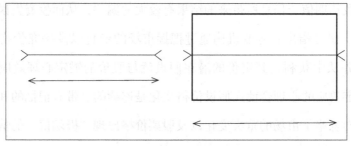

图6-3　Müler-Lyer错觉图

　　Müller-Lyer错觉是一种经典的视错觉。它指的是两条长度相等的线段，但由于它们两端附加的箭头方向不同（一条线段两端加上向外的箭头，另一条线段两端加上向内的箭头），人们会错误地感知到带有外向箭头的线段比带有内向箭头的线段更长。这种错觉现象引起了学者们的广泛兴趣，并从神经科学、心理学和文化比较等多个角度进行了研究和解释。在心理学领域，Müller-Lyer错觉被视为一种重要的错觉现象，有助于我们更深入地理解人类的视觉感知和认知过程。

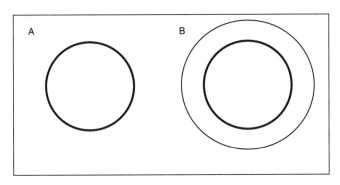

图6-4　戴勃福错觉图

　　两个面积相等的圆，如图6-4所示，右边的圆由于外框增加了一个稍大一点的同心圆，使人产生错觉——右边的圆看起来稍大一些。框定依赖在判断和决策中会导致对比效应、首因效应、近因效应和晕轮效应以及证实偏差效应。

一、对比效应

　　心理学的对比效应是指同时或连续接触两个或多个不同的事物时，人们会对这些事物的评价产生差异的现象。这种效应能够影响人们的看法、态度、决策和行为。最初的心理学研究发现，通过对比效应，大部分关于重量的辨别、温度的识别和颜色的辨别等知觉判断可能会产生截然不同的结果；前后背景的不同，可能会让事物或方案看起来更好或更坏。因此，有些人会刻意设计这些前后因果关系，希望利用对比效应引导出有利于他们的某种结果，这样的人包括政客、广告商、券商等。

二、首因效应和近因效应

在不确定性条件下，人们也会受到信息环境背景的影响。曾有这样的心理学实验，实验者按照一定的顺序学习一系列单词，然后自由回忆，写下能回忆起来的任何一个单词。结果发现，最开始的几个或最后几个学习的单词更容易记住，而中间部分的单词记忆效果最差。开始部分的记忆较好称为首因效应，结尾部分的记忆较优称为近因效应。

Aronson（2001）研究发现，首因效应影响人们印象的形成。根据注意力递减理论，随着人们注意力的转移，列表上排位靠前的项目受到更多的关注，对判断的影响力较大，反之排位靠后的受到较少的关注，对判断的影响力较小。

三、晕轮效应

晕轮效应属于社会心理学范畴，最早是由美国著名心理学家爱德华·桑戴克（Thorndike，1920）提出。他认为人们对人的认知和判断往往只从局部出发、扩散而得出整体印象，即常常以偏概全。"无论一个领导、雇主或经理是多么的有才能，也不能把他当成是各种独立品质的混合物，更不能不受其他品质的影响而独立分配给每个品质一定程度的大小特性。"一个人如果被标明是好的，他就会被一种积极肯定的光环笼罩，并被赋予一切都好的品质；如果一个人被标明是坏的，他就会被一种消极否定的光环所笼罩，并被认为具有各种坏品质。光环就好像刮风天气前夜月亮周围出现的圆环（月晕），其实圆环不过是月亮光的扩大化而已。据此，桑戴克为这一心理现象起了一个恰如其分的名称"晕轮效应",也称作"光环作用"。

美国心理学家凯利给麻省理工学院的两个班级的学生分别做了一个实验:上课之前实验者向学生宣布,临时请一位研究生来代课,接着告知学生有关这位研究生的一些情况。其中,向一个班学生介绍这位研究生具有热情、勤奋、务实、果断等项品质,向另一个班学生介绍的信息除了将"热情"换成了"冷漠"之外,其余各项都相同,而学生们并不知道。两种介绍导致的结果间的差别是:下课之后前一个班的学生与研究生一见如故,亲密攀谈;另一个班的学生对他却敬而远之,冷淡回避。可见,仅介绍中的一词之别竟会影响到整体的印象。学生们戴着这种有色眼镜去观察代课者,而这位研究生就被罩上了不同色彩的晕轮。反映到股票市场上,晕轮效应就会造成集体非理性。一个被标为"蓝筹股"的优秀公司一旦形成市场集体认知,那么它的价格就会被推高到离谱的地步,而在遭遇市场萧条后就会大幅下跌,因此市场上有"垃圾股套一时,蓝筹股套一生"的说法。

晕轮效应的形成原因,与我们知觉的整体性特征有关。人们在知觉客观事物时并不是对知觉对象的个别属性或部分孤立地进行感知的,而总是倾向于把具有不同属性、不同部分的对象知觉为一个统一的整体。由于知觉整体性的作用,我们在知觉客观事物时就能迅速明了,"窥一斑而见全豹",用不着逐一地知觉每个个别属性了。但是这种心理学效应也带来了负面的影响,即先入为主、以偏概全,不能如实客观地进行具体问题的分析,从而造成严重的失误。

四、证实偏差效应

证实偏差（confirmation bias）指一旦形成一个信念较强的设想，人们就会寻找支持这个假设的证据，不再关注否定该设想的信息。锚定效应和框定依赖偏差会使投资者在决策过程中忽略掉一些新信息的影响，但大量的实验证据表明，人们一旦形成了某种观念，就会坚持相信他们的信念，即使新数据与该信念相矛盾，他们也会坚持固有的信念，这就是信念坚持（belief perseverance），其是导致证实偏差的心理基础。这会产生两种效应：

（1）人们不愿意去寻找与其信念相矛盾的证据。

（2）即使他们找到了反驳的新证据，他们也会视而不见或过于挑剔，产生证实偏差效应。

证据的模糊性，对证据有选择地收集或详查以及经常性地假想不同对象间的相互联系等因素导致了证实偏差的产生。这样的例子在股票市场比比皆是：如果投资者相信股票市场是一个"牛市"，那么股价会持续上涨，因为他们只专注于那些对"牛市"有利的消息，却忽视掉那些影响股市上涨的负面信息，进一步推动股市上扬；反之，当股市大幅下挫时，投资者出现恐慌性抛售，此时其看到的都是负面消息，认为自己坠入了"熊市"的深渊。证实偏差是股票市场正反馈机制形成的推动力之一。

不仅是普通投资者犯这样的错误，专业投资者同样如此。贵州茅台从2020年3月的1000元每股迅速涨到2021年2月18日的2575.58元每股的阶段性高点，市场对它是不是具有估值泡沫争议不断。而作为头部券商的中信证券研究所随后在3月给出茅台3000元每股的目标价，认为茅台酒未来提价将可能带来更多股价增长势能，继续看好茅台作为核心资产的价值，赞扬其价格支撑最强，具备弹性，维持公司未来一年目标价3000元的判断。一年以后，2022年2月，贵州茅台跌到1600多元。（见图6-5）

专业研究者太专注于自己要研究的标的股票，由于感情的投入而产生一种偏执，看不到茅台的短期内股价已经严重透支了未来的成长，因为证实偏差效应他们的理性被遮蔽了，只选择看到有利于自己立场的信息，从而对投资者产生了误导。

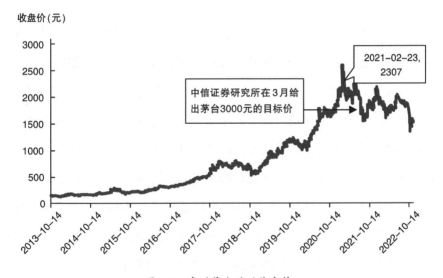

图6-5 贵州茅台的股价走势

第四节　过度自信理论

过度自信基本上是人人都天生具有的情感。作为金融学课程教师，我曾在课堂上让学生做过如下的心理实验：

课堂调查1：如果你已知某股票指数的第一年和第二年的涨幅（见表6-3），请你预测第三年的年底指数点位会落在什么范围。

我所选的是恒生科技指数（当然没有告诉学生）真实的走势是：2015年、2016年涨幅分别是10.32%和10.84%，那么凭这两年的价格信息，学生（参与预测的有45名）要做出判断。事先，我感觉同学们的预测精确度会比较差，因为第三年该指数的实际涨幅是出乎意料的，投资于香港科技股的恒生科技指数本身是波动性比较高的指数，那一年涨幅达到51.29%，收盘于5549.89点。如果学生按照比较窄的概率区间预测，结果肯定是错的。

果不其然，同学们的第三年预测值都集中在3400～4400点，如图6-6、6-7所示，都以第二年年底的价格3668点位为锚定值，平均预测第三年股票指数点位的区间下限在-5.89%，预测上限在上年收盘价的8.42%，都没有落到真实值的区间。

表6-3　课堂调查1：请同学们预测第三年的指数范围

某股票指数	开盘	收盘	涨幅
第一年	3000	3310	10.32%
第二年	3310	3668	10.84%
第三年（预测）	3668	?	?

表6-4　课堂调查1：指数范围真实值

某股票指数	开盘	收盘	涨幅
第一年	3000	3310	10.32%
第二年	3310	3668	10.84%
第三年（现实）	3668	5549.89	51.29%

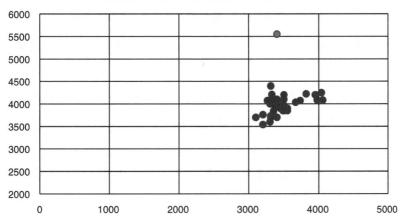

图6-6　课堂调查1：同学们预测指数的范围

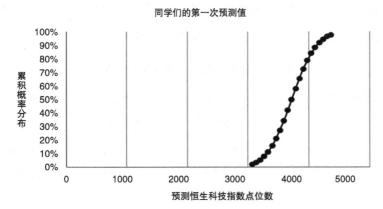

图6-7　课堂调查1：同学们预测指数的概率分布图

紧接着，我再告诉同学们"框架依赖偏差"和"过度自信"的理论，然后建议他们放宽置信区间来进行第二轮预测。第二轮心理实验的问题同第一轮的一样。

课堂调查2：如果你已知某股票指数的第一年和第二年的涨幅（见表6-5），请你预测第三年的年底指数点位会落在什么范围。

表6-5　课堂调查2：请同学们预测第三年指数范围

某股票指数	开盘	收盘	涨幅
第一年	3460.42	4714.81	36.25%
第二年	4714.81	8425.9	78.71%
第三年（预测）	8425.9	？	？

这一次，在经过前次思维的调整之后，大部分同学的预测值都覆盖了第三年的真实值。同学们的预测值的结果在5373点和10489点之间，预测下限低于上年收盘价的36.23%，预测上限高于上年收盘价的24.5%，而指数第三年年末的点位是5670.96点，下跌了32.70%，仍是一个偏离正常范围的较大跌幅，但是这一轮参与预测的同学们大都答对了。

表6-6　课堂调查2：指数范围真实值

某股票指数	开盘	收盘	涨幅
第一年	3460.42	4714.81	36.25%
第二年	4714.81	8425.9	78.71%
第三年（现实）	8425.9	5670.96	−32.70%

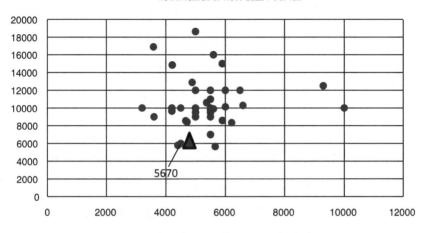

经过过度自信理论的学习，同学们第二次
的预测值范围大部分覆盖了真实值

图6-8 课堂调查2：同学们预测指数的范围

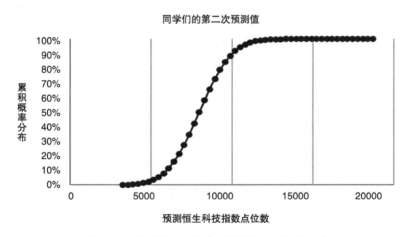

同学们的第二次预测值

预测恒生科技指数点位数

图6-9 课堂调查2：同学们预测指数的概率分布图

　　经过两次实验，以及实验中间笔者的提示，第一次没有一个同学的预
测区间是正确的，而第二次大部分同学的预测值范围都覆盖了真实值。尽
管放宽置信区间以后，同学们给自己的判断留有了余地，预测值的范围在
5373点和10489点之间，对实际投资的价值不大，但是，这两个实验的重
要意义在于启示我们，我们（市场参与者）不能过高估计自己的市场判断

能力，即使只是了解这一点也已经足够。许多证券专家和学者久在市场中活动甚至还没有学会这一点。例如，前面我们所介绍的长期资本管理公司的破产，就与诺贝尔经济学奖得主罗伯特·默顿等人的精明自负极有关系，是一个典型的"过度自信"招致市场失败的案例。如果能够给自己留有一个更充裕的市场预判空间，不那么自负，行动结果也许大不相同。

其实，不仅是金融市场，生活中也是如此。如果我们每个人都能更充分地考虑到未来境遇的变化无常的范围，在评估未来选择下的路径发展结果概率时，放宽自己的置信区间，不就能给自己留下更多的从容不迫和处变不惊的空间吗？反之，给自己的预期值设得过高或未来的不确定性空间留得过窄，则可能会在生活中经常感到失算后的无奈与悔恨，这也是这堂课给我们带来的思考。

此外，T. Odean（1998）通过对美国个人投资者的投资行为进行研究发现，股票市场中过高的交易量与投资者的过度自信有着密切联系。他们买卖股票调整投资组合并不是出于流动性的需求、税负上的考虑，而是因为他们认为未来股价可能下跌，应尽早获利了结。股票市场的繁荣导致人们更加过度自信，产生盛极一时的网络股、生态股等流行股，导致赌场资金效应（house money effect）。Thaler和Johnson（1990）发现投资者在投资盈利之后，更倾向于接受他们以前拒绝接受的风险，而在遭受损失后，他们会变得愈加保守，甚至拒绝接受以前能接受的风险。

盈利后的冒进主义，这在A股投资者中也是普遍存在的，过度自信和膨胀导致投资者在股票账户上操作频繁，一旦投资组合出现大幅的损失，又过于草率地去换更时髦的股票，这也是我国个人投资者交易量在交易所占80%以上的原因。但是，频繁的操作没有带来应有的高额收益，反而是不断地割肉离场，成了名副其实的机构投资者镰刀下的"韭菜"。有人曾对散户卖掉的股票和他们随后买入的股票的收益率进行统计对照分析，发现经过一段时间后，散户卖掉的股票组的收益率要高于其买入股票组的收益率。这也是说明个人投资者经常情绪化草率操作的实际例子。

第五节　羊群行为和羊群效应

金融市场中的羊群行为（herd behaviors），是指投资者在风险不确定和信息不对称条件下，受到其他投资者的影响，简单地模仿他人决策，或过多地依赖媒体或投资专家的建议的从众行为，一般被认为是一种非理性行为。

Werners在1999年通过研究1975—1994年间美国股市所有的共同基金，发现共同买入股票比卖出股票具有较高的滞后收益，因此共同基金存在一定程度的羊群行为，加速了股价吸收信息的速度，有利于股票市场的稳定。Bruno和Jegen（2001）研究了不同国家不同时期羊群数据，认为股票市场投资者的从众行为是广泛存在的，而且并不局限于股票的买卖和交易时机的趋同性。中国股市的统计资料同样表明投资者存在羊群行为。我们经常看到多数情况下股市中许多组合与大盘走势是趋同的，股市屏幕上经常出现相同的红色或绿色。解释造成这种现象的原因的模型主要有信息层叠模型（Informational Cascades Model）、声誉与报酬模型（Reputation and Reward Model）和传染模型（Epidemic Model）等。

一、声誉与报酬模型

声誉与报酬模型主要考察证券分析师、基金经理和股市评论家的羊群行为。Scharfstein and Stein（1990）在研究"委托–代理"模型时指出，由于基金经理处于代理人的地位，如果他们不能准确选择股票，那么与其他基金经理投资保持一致是最佳选择，这样至少可以保持平均业绩，不会损害自身的声誉，因为声誉决定他未来的报酬（将导致"责任分担"效应）。此种行为的本质在于投资者忽略了自己的私人信息而一味地模仿他人决策，为的是能够推卸自己决策失误的责任。Maug和Naik（1996）认为基金持有人为了避免此种现象发生，最好的选择是同基金经理签订与基准挂钩的报酬合约。

二、信息层叠模型

Bikhchandani, Hirshleifer and Welch（1992）分析了序贯决策问题中先行投资者的决策对后继者投资的影响，发现由于信息的不连续性和不对称性，投资者投资策略会随着时间的推移而变动，产生信息层叠的现象，造成一致性的投资行为。该模型认为后续的投资者会根据先验信息的准确性判断出其在决策中的权重，当股市起伏不定、涨跌互现时，基金经理如不能准确判断市场未来走向，将给予先验信息更大的决策权重，从而导致羊群效应。总而言之，股市波动性越大，基金经理的羊群效应越明显。模型指出：投资者的经验水平可以减少个体盲从的行为，降低信息层叠发生的概率。

事实上，20世纪90年代后期股市泡沫产生的原因就是无经验的个人投资者大量涌入了市场。该模型假设投资者X、Y、Z，依次投资于某只股票，每个投资者都拥有私有信息。投资的利润为W（W=1或–1），私有信息分为"好"或"坏"（G或B）两类。

令0.5＜P＜1，当投资者为：

$$\text{Prob}[G \mid W=1]=P;$$

$$\text{Prob}[B \mid W=1]=1-P;$$

$$\text{Prob}[G \mid W=-1]=1-P;$$

$$\text{Prob}[B \mid W=-1]=P;$$

$$\text{Prob}[W=1]=\text{Prob}[W=-1]=0.5;$$

根据贝叶斯定理，如果信息为"G"时，W=1的概率为：

$\text{Prob}[W=1 \mid G]=$

$$\frac{\Pr ob[G|W=1] \bullet \Pr ob[B|W=1]}{\Pr ob[G|W=1] \bullet \Pr ob[B|W=1]+\Pr ob[G|W=-1] \bullet \Pr ob[B|W=-1]}$$

$$=\frac{p \times 0.5}{p \times 0.5+(1-p) \times 0.5}=p>0.5$$

X投资者决策原则为：当其观察到私人信息为G时，决定投资；当其私有信息为B时，放弃投资。Y投资者通过观察X行为可以判断其信息是"G"或"B"两个私人信息，如果信息为"G"则会投资，否则放弃投资。Z投资者通过观察X和Y行为决策是否投资。如果X、Y投资者均选择投资，则Z投资者推断X投资者私有信息为"G"，Y投资者的私有信息不确定，但为"G"的可能性大。根据贝叶斯法则，即使Z投资者的私有信息为"B"，Z投资者也应当投资。同理，如果还有众多的投资者，情况也是如此，于是羊群行为就产生了。

由此看出，此种类型羊群行为具有如下特点：

（一）路径依赖性

此类型羊群行为受信息内容的数量与到达的顺序的影响。如果信息到达的顺序为"BBGG……"时，则Z投资者产生"放弃投资决策流"，产生卖方羊群行为；如果信息到达的顺序为"GGBB……"，则Z投资者产生"投资决策流"，产生买方羊群行为。

（二）特异性

羊群行为是出自卖方还是买方，不仅取决于信息的内容，还取决于信息的产生路径，因此具有很大的偶然性、差异性。

（三）敏感、脆弱性

此种羊群行为对意外事件的冲击非常敏感，如新的公共信息的发布、新投资者的加入以及潜在价值观念的转变，都会引起信息决策流的中断或终止。

三、传染模型

Shiller（1990）借鉴医学理论的研究成果建立了"传染模型"，主要研究股票市场投资者对某一特定情形的模仿和相互间的信息的传播。Lakonishok、Shleifer和Vishny（1992）通过实证分析美国基金持有人行为发现，在769种基金中羊群效应普遍存在，基金持有人购买某只股票具有明显的趋同性。然而，Bikhchandani和Sharma（2000）指出应注意区分股市中的伪羊群行为，它主要是指当众多投资者面对相类似的决策问题，而且拥有的信息集相同，投资决策行为亦会趋同。实际上，只有那些有目的、有意识地模仿其他投资者的行为才是真羊群行为。真羊群行为是有效率的，而伪羊群行为是无效率可言的。

我们认为做这种区分还是有价值的，尽管在现实股市中，投资者的行为是真羊群行为还是伪羊群行为很难辨别。羊群行为的存在可以归结为如下原因：

·投资者信息不完全、不对称。为了节约自己的搜索信息的成本导致模仿他人的行为，而且投资者越是缺少信息，越容易听从他人的意见。

·推卸责任和减少恐惧的需要。人类是群居动物，投资者为了避免因个人决策失误可能带来的后悔和痛苦，而选择与其他人相同的策略，或听从投资专家和股评人士的建议。如果投资失误，投资者可从心理上把责任推卸给提供建议的人，减轻自己的恐惧和后悔。另外，自身有限的知识水平、智力水平、获取与甄别信息的能力等都会导致投资者的羊群行为。

四、"羊群行为"的一个案例

以色列学者温特在《狡猾的情感：为何愤怒、嫉妒、偏见让我们的决策更理性》[①]一书中举过这样一个例子，说明即便人人均完全依理性行事，"羊群效应"仍会产生。所谓完全依理性行事，即每个人均符合以下条件：①个人拥有自己的信息来源，并利用这些信息做出正确的决定。②每个人均完全理解如何使用概率模型，且运算能力不存在局限性。③个

① ［以］埃亚尔·温特：《狡猾的情感：为何愤怒、嫉妒、偏见让我们的决策更理性》，中信出版社2016年版，第217—226页。

人均寻求自身利益的最大化。

即便是在理性健全的完美条件下，"羊群效应"也完全有可能导致所有人都选择较差的餐馆。假设一家餐厅叫萨尔瓦多，一家餐厅叫斗牛士，再假设萨尔瓦多餐厅胜过斗牛士餐厅，现在假设某日有100名游客要决定去萨尔瓦多还是去斗牛士吃饭。在这些假设条件下，接下来我会描述导致100名游客经过理性思考和精心算计后选择斗牛士餐厅的过程。

假设在来到马拉加之前，每名游客都查阅了一些有关该市餐厅的信息，这些信息并不足以完全确定两家餐厅的优劣，但姑且假设每名游客均稍稍倾向于萨尔瓦多。譬如，每名游客均认为萨尔瓦多餐厅较好的概率是51%，而斗牛士餐厅较好的概率仅有49%（例如，有畅销的旅行指南指出萨尔瓦多餐厅曾在米其林餐厅排名中领先，这样便会形成这种结果），这种情况便会出现。

来到马拉加后，游客得到了有关餐厅品质高下的另一个提示（如朋友发来的邮件、网站排名或酒店职员的推荐）。可以顺理成章地假定，既然萨尔瓦多餐厅的客观品质更高，萨尔瓦多的正面提示会多于斗牛士。但这些推荐存在随机成分，例如游客收到朋友发来的邮件，但这位朋友恰好以前去过斗牛士餐厅，而且喜欢那里的菜肴（毕竟，斗牛士餐厅并不差，只是不如萨尔瓦多而已）。

根据新得到的信息，每名游客此时都用贝叶斯公式修正了自己关于两家餐厅水平高下的概率估计。须记住，我们假定所有游客不仅行事理性，还是概率论专家。再假设所有提示都很确凿，因而经过这次修正之后，所有游客都胸有成竹地认为自己知道哪家餐厅确实更好。鉴于所有人都具备理性思考能力，一名游客得到的提示中，若一家餐厅有一条正面提示，另一家有两条，则该名游客会修正自己的估算概率，认为有两条正面提示的餐厅胜出一筹的概率较高。

现在进入主菜：假设中午11点59分，全部100名游客排队等候两家餐厅在正午开门迎接蜂拥而至的食客。每名游客都收到了一条有关两家餐厅优劣的提示，而排在队伍最前面的两名游客收到了有关斗牛士餐厅的正面提示（再次提醒，有些游客收到了推荐斗牛士餐厅的信息，而其中有两个人恰好排在队伍最前面，这不足为奇）。

正午时分，两家餐厅的正门打开了。在两家此时仍然空无一人的餐厅前，有服务生在殷勤等候午餐食客进门。排队的每名游客依次且完全理性地决定自己去哪家餐厅就餐，排在队伍最前面的游客目前收到的是有关斗牛士餐厅的正面提示，因而以此为依据，自然而然地选择了斗牛士餐厅。第二名游客也收到了有关斗牛士餐厅的正面提示，因此做出了同样的选择。

第三名游客呢？姑且假设，在正午时分之前，她收到的提示是萨尔瓦多餐厅略胜一筹。然而，她刚刚看到排在她前面的两个人选择了斗牛士餐厅，她因此推测他们两人都收到了有关斗牛士餐厅的正面提示（显然与她所收到的提示不同）。现在，她可以将这条新信息考虑进决策过程中：她（根据排在她前面的两个人所做出的选择）知道斗牛士餐厅有两条提示，而萨尔瓦多餐厅只有她此前收到的一条提示。这使得斗牛士餐厅的票数为二比一，占多数。第三名游客因此立即走进斗牛士餐厅吃午餐，推翻了她个人此前收到的提示。换言之，第三名游客无论自己收到什么提示，都会选择斗牛士餐厅。

第四名游客所处情况与第三名游客相似。他知道自己从第三名游客的行为中无法确凿地了解到任何信息，她选择斗牛士与她自己收到的提示无关，但他知道前两名游客确实收到了有关斗牛士餐厅的正面提示。从他的角度来看，斗牛士餐厅的正面提示因此多于萨尔瓦多餐厅，他于是也直接进了斗牛士餐厅吃午餐。

至此，任何人都应该明白这群有趣的午餐食客会有何表现。每名游客都会根据前两名游客的选择（其他人的选择无关紧要，因为他们的选择也是根据前两人的选择做出的），按照与第三名游客相同的推理方式，选择斗牛士餐厅，放弃萨尔瓦多餐厅。因此，萨尔瓦多的可怜老板虽然兢兢业业地做出了胜过斗牛士餐厅的美食，却要整个下午都在空荡荡的餐厅里，垂头丧气地看着自己的竞争对手斗牛士餐厅座无虚席，招待城里的每一名游客。

上述故事是以一个数学模型为基础的。1992年，加州大学洛杉矶分校的3名金融学教授在其发表的一篇论文中介绍了该模型，论文作者称，如其模型所示，"羊群效应"通常是由最严谨的理性思考造成的，而非因随波逐流、缺乏自信等倾向形成。完全的理性却仍会导致"羊群效应"。

第六节　后悔厌恶理论

关于后悔厌恶理论（regret aversion），早在20世纪50年代研究者就进行了实证研究，他们认为投资者进行决策之前首先会衡量各个备选方案可能产生的最大后悔程度，然后选择一个后悔程度最小的方案作为最后的决策方案，即是以"最大后悔最小化的原则"为依据的。心理学家詹尼斯和曼恩（1977）研究认为，人们对后悔的预期可以使其在决策之前进行全面深入谨慎的思考，这会使人们变得更加"理性"。1980年，泰勒最初提出后悔厌恶理论，指当人们做出错误决策时，对自己的行为感到后悔。随后，该理论经过许多学者包括Loomes和Sugden、Kahneman以及Tversky（1982）等的发展逐渐走向成熟。Bell，Loomes and Sugden（1982）在决策理论中引入后悔变量，在计算备选方案时还需要考虑已选方案与放弃方案是否会产生一定的后悔，因此对传统的预期效用理论进行修订：

$$一般预期效用 = 预期效用 \pm 后悔变量$$

$$后悔变量 = \omega \left(\sum RI \times RP_{[A-B]} \right)$$

其中，RI表示后悔强度，指决策方案与备选方案对比后产生的后悔程度。RP表示后悔发生的可能性。ω取决于决策者的个性偏好和情境因素。研究表明，后悔产生的ω值大于喜悦的ω值。

卡尼曼和特维斯基（1982）研究发现：①人们在非胁迫情形下行动

（action）引起的后悔比胁迫情形下的后悔要严重得多。②人们因为采取了错误的行动引起的后悔比没有做引起的后悔要强烈得多。③人们需要对行动的结果负担责任引起的后悔比无须承担责任的后悔要严重，有利的结果会使决策者喜悦，不利的结果会使决策者后悔沮丧。

投资大师马科维茨曾使用后悔厌恶理论解释资产组合理论，他说："为了减少我未来的后悔程度，我把投资额等额平分在股票和债券上，期望能尽量减少我的投资损失。"这样的比较保守的投资方式减少了投资者在日后股票行情变差时所产生的后悔反应。与后悔理论相似的概念是认知失调，认知失调是指当人们假设的观点或提出的理论被证明是错误的时内心的矛盾，可以理解为一种后悔厌恶。认知失调可以更好地解释资金加速流入业绩好的基金速度快于业绩差的基金速度，也可更好地理解亏损的投资者不愿意卖出股票的行为。

情感作为人类进化后发展而来的心理状态，在漫长的进化中发挥了它的生存竞争优势，如爱和关怀等，即使是像生气、后悔、害怕等也都有其存在的必然性。例如：生气情绪在特定的环境下对于处理一些紧急情况是有帮助的，面对生活中一些人的无理生事，生气的情绪反而能够使对方产生紧张感，从而去想办法解决。2023年初一些购房者遭遇银行故意拖延办理提前还贷业务，要是每一个人遇到这样的事情都淡然处之不生气，那么就不会有人去关注推动解决这件事了。后悔也是一种显而易见的进化优势，假如我们做什么事都不会后悔，我们无疑会活得更差，注定要不断地重蹈覆辙。古人所谓的"不贰过"，即不重复犯错误，强调的正是从错误中学习。布洛尼·韦尔是一名临终关怀医疗工作者，在医院拥有多年照顾绝症患者的经验。她在写的一本书中谈到了将死之人在生命最后几周向她讲述的最常见、感受最强烈的五件憾事。男人一般后悔的是一生工作太操劳，以及多年来疏于联系而失去故交。女人则后悔没有放纵自己，让自己多开心一些，而是太费力地去讨好别人，失去自我。总之，男女都有后悔情结。这种"幡然悔悟"在多数情况下（但不包括临终之际，因为没有机会重生）其实都属于理性情感，往往是在改变我们一生、促使我们对人生及人生走向进行彻底审视的危机发生时，对悔恨的感受最为强烈。这些悔恨往往会让我们习性大变，即使导致变化产生的危机早已消除，这些变化也会持续下去。这个也是宋明理学中的一个核心观点，就是人生要在不断的修养中"变化气质"，培养更好精神世界的自己。

经济学和金融学研究者所做的大量实验表明，人类行为的目的往往是尽量减少未来的悔恨情绪，一个例子是羊群效应中的随波逐流行为。我们往往会按照多数人做出的选择来调整自己的选择。例如，假如朋友多数都因担心股市即将崩盘而抛售了手中的所有股票，我们即便看到有利的证据表明股市近期会上涨，也往往会选择从众。投资者还往往难以果断处置组合中已经亏损的资产，这样做就意味着会为自己当初的不慎投资而后悔，而只要继续持有这些资产便仍有机会挽回损失，这在投资心理学上被称作"处置效应"。

第七节　赢家诅咒

在与拍卖有关的现象中，被研究最多的现象之一名为"赢家诅咒"：在许多情况中，拍卖胜出者为所赢得的物品付出的价格要高于其实际价值。不仅是参与者为业余竞拍者的低价商品拍卖中可以观察到这种现象，竞拍大型招标项目的大企业也会成为赢家诅咒的牺牲品。在20世纪70年代初，许多美国石油公司在拍卖中胜出，拿到美国几个地方的开采权后不久便倒闭了。这些公司有庞大的地理学家和经济学家团队，评估了招标开采权的价值，但最终的投标价格却远远高于招标开采权的实际价值，使其以破产告终。

赢家诅咒的产生有两大原因：一是认知层面的原因；二是情感层面的原因。拍卖的参与者会尽量准确地评估竞拍商品的价值，他们随后会给出略低于估价的初始报价。拍卖环境的竞争越激烈，报价就会越接近估价，因为参与拍卖的竞拍者越多，有人出价比你高的概率就越高。

假如竞拍者众多，且都做过独立的估价，则可合理地假设平均估价会非常贴近拍卖商品的实际价值。但赢者要胜出给出的报价就必须要高于平均报价，意即很可能高于拍卖商品的实际价值，这是对赢家诅咒的认知解释。换言之，竞拍者未能考虑到他们如果中标，对拍卖商品的报价就要高于其他人，这进而又意味着，他们很可能高估了商品的价格。

但在许多情况下，赢家诅咒的出现也有情感原因。拍卖参与者经常发现自己在无法控制的、不惜代价一定要赢得拍卖的欲望的驱使下，有报高价的冲动。这个心理活动在金融市场中同样存在。当某只股票因为某个新闻成了热门股，此时价格已经被消息灵通的买入者推高到一定的位置，但是在贪婪欲望驱使下许多投资者还是会追高买入，而当市场情绪冷却之后才发现自己是守在高高的山岗上。

第八节　行为偏差的解决之道

行为金融为理解和改善我国资本市场提供了重要的理论支持和实践指导。行为金融揭示了投资者和管理者的非理性行为及其对资本市场的影响，在我国资本市场中，了解这些非理性行为对于制定相关政策、加强市场监管和完善投资者教育具有重要意义。通过研究投资者的行为模式，专业投资者可以更好地预测市场趋势和波动，从而在投资中获得优势。行为金融还涉及如何管理投资者情绪和心理因素引起的风险。在我国资本市场中，加强对这些行为偏差可能引发的金融系统性风险的管理，有助于增强资本市场的稳定性；政策制定者可以利用行为金融学的理论来设计更有效的市场规则和监管措施，以促进我国资本市场的健康发展。

一、应对"过度噪声"交易的建议

噪音交易者和噪音交易是市场不可避免的参与部分，是增加市场和资本流动性的必要力量。但我国证券市场的噪音交易所占的比重，却明显超过了适度的标准。噪声投资者的过度交易加剧了市场的波动性，导致投资者投资行为的更加非理性，从而造成股市的暴涨暴跌。政府应该采取严格的监管措施，将噪音交易的不利因素控制在较小范围内。例如，证监会制订严格的反操纵和反欺诈措施，防止内幕交易，确保信息的及时、准确、完整，保障市场"三公"原则，减小市场噪音交易风险。加大信息披露的范围与频率，尽量减少非公开信息的传播，坚决打击市场的违规参与者，从刑事和民事责任方面加大内幕信息和内幕交易的成本，尽量减少对众多中小投资者的伤害。大力发展规范化、理性化的机构投资者也是必要的措施，例如引导养老金适度入市等。

二、应对"处置效应"的建议

"处置效应"的实证研究表明，投资者倾向于卖掉盈利的股票而长时间持有亏损的股票。心理学实验显示，出售股票要比购买股票困难得多。在股市买卖操作过程中克服人性弱点，避免"处置效应"的出现，比较有效的方法就是一些机构投资者已经普遍采用的程序化的交易方式，即"量化投资策略"。投资者根据预先设计的交易程序，借助计算机的指令运行，完成买进、卖出等交易过程。这种量化投资，需要投资者事先把各种影响股票市场的变量或因子，以及行为心理因素，转化作量化模型，进行程序化指令操作，并约束投资经理的权限。但从市场实践来看，公募中实施量化策略的基金的历史平均收益仅仅接近同业的平均水平，少有表现出类拔萃者。其中的原因既包括A股市场的信息披露不充分，甚至充斥错误信息，影响了模型中采集的数据的准确性，也包括我国的基金管理人在量化投资方面的认知和管理能力方面的不足。但是，毫无疑问，这个发展方向是值得肯定的。

为预防"处置效应"的出现，可以采取如下相关措施：一是培养投资者行为理性，政府有义务对投资者行为进行引导和教育，规范市场行为。二是上市公司及时、准确公开披露信息，使投资者正确认识自己所持有股票的真实情况，以便做出正确的判断，避免存在侥幸的心理预期。三是以券商为代表的中介机构，努力提高自己的服务质量，为投资者提出及时、准确的投资建议，帮助客户规避损失，促进市场健康有序发展。

三、应对"羊群效应"的建议

金融市场中的羊群行为的广泛存在，除了受政策性因素影响以外，更与人类固有的本性（包括人类的从众本能，对声誉和报酬的需求）及信息的不对称性等有关。参与"羊群行为"的人一般都持有一种至少保本不亏、最好能够盈利的态度，为了避免由于与别人决策不同而产生的后悔，他们往往会模仿他人的投资行为，缺乏创新思想，不能获取超越市场平均水平的收益。

在投资中，保持独立判断的精神十分关键。尤其是在股市剧烈震荡时，更要保持头脑的清醒，充分考虑到各种潜在风险。羊群行为影响着证券市场的稳定，大范围内的羊群行为可能引发系统性金融风险，从而带来深层次的金融危机。因此，要减少这种羊群行为的产生，就需要：一是培养投资者的理性投资理念，开展理性投资教育。二是规范信息披露制度，增加信息的透明度，降低信息的不确定性，适度降低各种信息成本、交易成本，放松组织方面的限制。三是引导机构投资者的理性行为，使其发挥股市"平衡器"的功能。例如，我国目前的证券投资基金投资风格趋同现象严重，大部分基金经理采取顺势而为，右侧操作，助涨助跌，完全没有发挥公募基金在股市中的"平衡器"作用，这对于持有基金的大众投资者也是一种伤害。

四、投资过程的节奏控制

由于投资者固有的过度自信、过度乐观等特征存在，他们会在投资过程中过度交易，进行频繁的买卖操作。过度交易会产生很大的交易成本，包括税收、佣金。并且，投资者因为频繁买卖交易，对投资对象、市场环境保持紧张的判断状态，容易形成巨大的心理压力，进而导致判断错误、投资决策失误。学者Odean（1998）和李心丹（2001）等的实证研究表明，过度频繁买卖交易会降低投资者的收益率。因此，在投资过程中要掌握投资节奏，避免不必要的交易。

首先，在进行实际操作时，投资者要注意买卖时机的选择和操作行为的果断性。在执行计划过程中，投资者还应该积极进行自我监控、自我约束，避免因外界环境的变化而随意变更计划。

其次，当投资计划实施一段时间以后，投资者应及时总结投资计划执行结果，实时监控投资业绩及计划执行情况的变化。第一进行业绩和风险评估，第二对收益客观评价。一般来说，进行投资业绩事后评价，并对投资成败进行合理归因，有利于在以后的投资活动中获得裨益。

最后，定期的休整与调节，可以使得投资者的注意力从上一轮投资中抽离，并转移到新一轮的投资中，避免过去的投资经验产生的"锚定"效应，减轻曾经的错误判断带来的严重后果。

第七章

金融业成为撬动新质生产力的重要支点

第一节 新质生产力的未来重要产业

2023年12月召开的中央经济工作会议提出，要以科技创新推动产业创新，特别是以颠覆性技术和前沿技术催生新产业、新模式、新动能，发展新质生产力。可见，颠覆性技术和前沿技术是新质生产力的标志。颠覆性技术，也被称为破坏性技术，是由克莱顿·克里斯坦森在其著作《创新者的窘境》中首次提出，它描述的是一种以意想不到的方式取代现有主流技术的技术。这一概念的提出，源于对技术创新和市场变迁关系的深入研究，特别是对于那些在初期可能不被主流市场所接受，但随着时间的推进能够颠覆或重塑整个行业的技术的认识。新质生产力中的前沿技术是指推动社会生产函数质的跃迁和全要素生产率大幅提升的新兴技术，它们在新时代代表着先进生产力的发展方向。

"大力推进现代化产业体系建设，加快发展新质生产力"被列在2024年政府工作报告中，是经济工作的重要任务。其中，推动产业链供应链优化升级、积极培育新兴产业和未来产业，以及深入推进数字经济创新发展是大力推进现代化产业体系建设、加快发展新质生产力的主要推手。报告还提出加快前沿新兴氢能、新材料、创新药等产业发展，积极打造生物制造、商业航天、低空经济等新增长引擎，开辟量子技术、生命科学等新赛道；深化大数据、人工智能等研发应用，开展"人工智能+"行动，打造具有国际竞争力的数字产业集群等。在现代金融服务业建设方面，提出鼓励发展创业投资、股权投资，优化产业投资基金功能。

据此，我们前瞻性地选择一些关键的颠覆性技术和前沿技术领域作简要介绍：

1. 人工智能

人工智能技术的发展正在改变各行各业，从自动化流程到数据分析，再到智能决策支持系统，人工智能的应用范围越来越广。它通过模仿人类智能行为，提高了工作效率和决策质量，在推动传统产业高端化、智能化和绿色化转型方面发挥着关键作用。2017年7月发布的《新一代人工智能发展规划》，标志着我国对人工智能发展的高度重视和战略规划，明确了我国新一代人工智能发展的战略目标，旨在推动人工智能理论、技术与应用的发展，并使我国在人工智能领域达到世界领先水平。

2. 量子计算和量子通信

它们是基于量子力学原理的新兴技术，对于解决复杂问题和保护信息安全具有革命性的意义。量子计算的核心优势在于其能够利用量子位（qubit）执行计算。利用量子叠加和量子纠缠等量子特性，量子计算机在解决某些特定问题时的计算速度和处理能力大大超越了传统计算机。量子通信则以其提供绝对安全的信息传输能力而著称。它利用量子纠缠状态确保信息传输的安全性，如果有人试图拦截或窃听量子通信的信息，量子系统的状态将会改变，从而立即暴露出任何未授权的访问尝试。这种安全性基于物理定律，而不是仅仅依赖于复杂的加密算法，为保护敏感数据提供了非常强有力的保障。中国在这方面取得了显著进展，如成功发射了"墨子号"量子卫星，并建立了全球首个星地量子通信网，创下了光纤量子通信世界纪录。

3. 具身通用人工智能

指能够通过观察、移动、说话和与世界互动来完成任务的智能系统，它不仅能够在计算机系统中运行算法和处理数据，还能够在物理世界中进行实际操作和交互。这种智能系统通常具有以下特点：①身体力行：具身智能体通常拥有物理形态，如家用服务机器人、无人车等，它们能够执行具体的物理任务。②多模态能力：具身智能体能够处理多种不同类型的输入数据，如文本、图像、音频和视频等，并能够融合这些数据生成输出。③主动交互：这类智能体能够与环境进行实时交互，从而提高学习、交流和应对问题的能力。

具身通用人工智能的发展是迈向更高级别人工智能的重要一步，它被认为是实现通用人工智能的关键途径之一。当前全球人形机器人产业正值爆发前夜，2024年将可能是人形机器人商业化元年。2023年10月，我国工信部发布了《人形机器人创新发展指导意见》，指出"人形机器人集成人工智能、高端制造、新材料等先进技术，有望成为继计算机、智能手机、新能源汽车后的颠覆性产品，将深刻变革人类生产生活方式，重塑全球产业发展格局"。浙江大学自2006年起开始研制人形机器人，突破了自适应精确建模、动态平衡控制、全身协调控制、智能感知决策等核心技术，先后完成四代"悟空"系列人形机器人系统研制。

4. 智能算力

人工智能产业的发展进入了一个新的阶段，全球范围内生成式人工智能的兴起，标志着该产业正处于一个关键的转折点。随着人工智能技术的进步，对算力的需求日益增长，尤其是在机器学习、深度学习、自然语言处理和计算机视觉等领域。这些技术需要处理大量数据并进行复杂的算法运算，没有足够强大的算力支持，这些高级任务是无法实现的。未来，智能算力的需求预计将会有显著增长。专家预测未来10年人工智能算力需求将增长500倍，这一巨大的增量意味着算力网络的建设将成为一项重要任务。

5. 低空经济

2024年"低空经济"首次被写入政府工作报告。电动垂直起降航空器（Electric Vertical Takeoff and Landing，缩写为eVTOL）是指能够利用电力垂直悬停、起飞和降落的一类航空器，低空经济指的是利用低空空域资源形成的综合性经济形态。eVTOL的概念最早在2010年前后出现。2024年3月27日，工业和信息化部、科学技术部、财政部以及中国民用航空局联合发布了《通用航空装备创新应用实施方案（2024—2030年）》。该方案明确提出了发展通用航空制造业，加快通用航空装备创新应用的目标，这是塑造航空工业发展新动能新优势、推动低空经济发展的重要举措，也是加快制造强国、交通强国建设的必然要求。方案中的主要内容包括：推进大中型固定翼飞机、高原型直升机以及无人机等适航取证并投入运营，以实现全域应急救援能力覆盖；支持加快支线物流、末端配送无人机的研制生产并投入运营；支持智慧空中出行（SAM）装备发展，推进电动垂直起降航空器（eVTOL）等一批新型消费通用航空装备适航取证，并鼓励飞行汽车技术研发、产品验证及商业化应用场景探索；围绕航空灭火、航空救援、公共卫生服务、应急通信/指挥四大领域，在重点地区扩大航空应急救援装备示范应用；聚焦"干—支—末"物流配送需求，在重点地区鼓励开展无人机城际运输及末端配送应用示范，等等。工信部赛迪研究院2024年4月发布《中国低空经济发展研究报告（2024）》，数据显示：2023年中国低空经济规模达5059.5亿元，增速达33.8%。乐观预计到2026年，低空经济规模有望突破万亿元。

6. 基因技术

基因编辑、基因测序等基因技术的进步，为医疗健康、农业生物技术等领域带来了革命性的变化，这些技术有助于治疗遗传性疾病、提高作物产量等。

7. 新能源技术

随着全球对可持续能源的需求增加，新能源技术如太阳能光伏发电技术、风能技术、电动汽车技术等的发展，对于减少碳排放和应对气候变化至关重要。

8. 数字经济

数字化、网络化、智能化的新技术是数字经济时代新质生产力的支撑，它们以科技创新为核心驱动力，深化高技术应用，具有广泛的渗透性和融合性。

综上，这些前沿技术的发展不仅仅是技术进步本身，它们还带动了新型劳动者的出现，促进了人才红利的释放，为创新驱动的高质量发展注入了新的活力。随着这些技术的不断成熟和应用，它们将对社会的各个方面产生深远的影响，推动经济结构的优化升级和社会的整体进步。

第二节　构建科技和金融良性循环的新业态

我们有必要重新认识科技与金融融合的发展规律，使金融业成为撬动我国新质生产力发展的重要着力点。科技部资源配置与管理司司长解鑫曾提到：纵观历史上三次工业革命的演进过程，重大科技创新必须与相适应的金融支持体系相融合，才能引发产业革命。第一次工业革命时期，英国依靠商业银行体系为蒸汽机等技术提供资本燃料和动力，成为19世纪头号强国；第二次工业革命时期，美国依靠现代投资银行体系推动电气技术普及扩散，开始成为全球霸主；第三次工业革命时期，创业风险投资、硅谷银行、多层次资本市场和各种金融衍生工具为美国信息产业的发展提供了全方位支持，助力美国继续引领世界经济。当前，新一轮科技革命和产业变革加速演进，我国科技自立自强的重要性和紧迫性突显。金融资本是加大多元化科技投入的重要组成部分，也是发挥市场配置资源作用的重要载体，加强科技与金融融合是支撑引领经济社会发展的必然要求。

目前，我国在发展金融服务支持科技进步方面已经有许多成熟的经验做法。国务院新闻办公室在2023年7月27日举行国务院政策例行吹风会，介绍我国"金融支持科技创新"等有关情况，在回答"如何推动金融支持科技创新的强度和水平持续提升"的提问时指出：一是科创金融制度和市场体系持续健全。金融管理部门加强顶层设计，不断完善金融支持科技创新的政策框架，优化市场机制、丰富金融支持工具，初步建成包括银行信贷、债券市场、股票市场、创业投资、保险和融资担保等在内，全方位、多层次的科创金融服务体系。二是科技型企业贷款持续保持较快增长速度。引导银行业金融机构设立服务科技创新的专营组织架构、专门风控制度、专业产品体系、专项考核机制，推动信贷资源向科创领域倾斜。三是资本市场服务科技型企业的功能明显增强。推出科创票据、科创公司债等债券产品，拓宽科技型企业直接融资渠道。设立科创板、北交所，深化新三板改革。引导创业投资和私募股权投资基金持续健康发展。四是科技型企业跨境融资便利进一步深化。稳步推广跨境融资便利化试点政策，允许中小微高新技术企业在一定额度内自主借用外债。推进合格境外有限合伙人外汇管理试点，鼓励和引导外资通过私募股权基金参与投资境内科技型企业。优化跨国公司跨境资金的集中化便利政策，帮助科技型企业提高资金应用效率，降低财务成本。五是科创金融改革试验区稳步推进。迄今，已在北京、上海、济南等七地设立了科创金融改革试验区，已形成一批可复制推广的经验做法。

科技创新是一个探索性、创造性的工作，投入不一定有产出，但是不投入肯定没产出。要满足初创期科技企业的融资需求，要定位以股权投资为主，股权投资是满足初创期科创企业资金需求的主要方式，同时要采取"股贷债保"联动的综合支撑体系。

一是多方面拓展创投基金的中长期资金来源。鼓励和支持保险资金、企业年金、养老金等按照商业化原则投资创投基金。支持保险资产管理机构、银行理财子公司开发与创投特点相匹配的长期投资产品。二是引导创投机构加大投早投小力度。要建立健全创投基金的考评和容错免责机制，让他们放下包袱，综合算账，算长远账，更好发挥投早投小的引导作用。要推动创投机构加强自身的投研能力建设，对投资对象也就是初创期的科创企业加强战略咨询、资源整合的综合化服务能力。我们要全方位完善跨境资金管理政策，坚持双向开放、对外开放。三是不断丰富创投基金的退出渠道。推动注册制改革走深走实，不断提高上市的融资效率。发展创投二级市场基金，扩大私募基金份额转让试点范围。活跃并购市场，在整个创投基金退出转化过程中发挥积极作用。另外，在我国的银行信贷市场里，与并购活动相关的并购贷款还有很大的发展空间。四是推动银行业金融机构推出适合初创期企业特点的信贷产品。初创企业有高收益、高风险的特点，调动投贷两方面积极性，在贷款过程中附加一些股权投资的条款，如果成功能够获得更高收益，这个高收益可以弥补贷款损失，实现银行信贷资金的可持续发展。

第三节　数字化金融在合规监管和产业链上的发展

在第四次技术革命中，5G、物联网创造了万物互联的全新世界，全面改变社会生产要素和生产关系，数据逐渐成为关键的生产要素。一方面，随着线上支付的发展，C端（客户端）的消费场景逐步向线上化转移。为满足C端的消费需求，技术的创新带动了金融服务的创新，在支付、消费信贷、智能投顾等领域开展了很多尝试，涵盖了人们的衣食住行各个方面，面向C端的数字金融服务越来越丰富。另一方面，伴随着数字经济时代新技术的落地，数字科技开始与产业深度融合。在产业数字化变革的进程中，服务于实体经济的数字金融预计将迎来黄金发展期。

金融科技在合规监管方面的运用也非常广泛。2020年1月"中国版"的金融科技监管沙盒正式启动，中国人民银行向社会公示了第一批六个金融科技创新监管试点应用，涉及物联网、大数据、人工智能等前沿技术，涵盖数字金融等多个应用场景。在粤港澳大湾区，广东省一直在监管科技方面积极探索，落地了一些有标杆意义的监管科技成果。2020年4月，深圳被列入中国人民银行第二批监管沙盒的扩大试点城市。人行深圳支行结合中国特色社会主义先行示范区建设要求，充分发挥深圳市金融及科技区位优势，已经开展深圳市金融科技创新监管试点。

同时，我们还应当重视数字金融在产业链韧性与安全方面所发挥的重要作用。数字金融可借助强大的信息网络系统，快速构建起产业链主体间的联结网络，有效打破地域限制，使金融服务突破柜台网点的局限，显著增强产业链主体获取金融服务的快速性和便利性。当产业链系统遭受外部冲击时，金融机构能够通过网络空间的应用快速为产业链主体提供金融服务，出台针对性强的金融服务方案，填补其应对风险的资金缺口，提升链上主体应对风险的能力，增强产业链韧性。

总之，推动我国现代金融服务业与各行业形成"科技—产业—金融"共生互促的良性生态系统，将极有利于实现我国金融的高质量发展，也将重塑我国现代金融服务业，使之真正成为撬动我国新质生产力发展的重要支点！

参考文献

第一章

[1]《中央经济工作会议在北京举行》，《人民日报》2023年12月13日，第1版。

[2]《习近平在中共中央政治局第十一次集体学习时强调　加快发展新质生产力 扎实推进高质量发展》，《人民日报》2024年2月2日，第1版。

[3]张宇：《更好发挥新兴产业创新的"集聚效应"》，《光明日报》2024年2月22日，第15版。

第二章

[1]〔美〕斯蒂芬森：《雪崩》，四川科学技术出版社2009年版。

[2] Ali, Syed Adnan, and Rehan Khan. "From Science Fiction to Reality: An Insight into the Metaverse and its Evolving Ecosystem." (2023).

[3] Huang H, Zhang Q, Li T, et al. "Economic Systems in Metaverse: Basics, State of the Art, and Challenges." arXiv preprint arXiv: 2212.05803, 2022.

[4] J. Clement, "Metaverse doubt businesses worldwide 2022," Statista, 2022. https://www.statista.com/statistics/1302221/metaverse–project–doubt–businesses/ (accessed Apr. 15, 2022).

第三章

[1]黄奇帆、朱岩、邵平：《数字经济：内涵与路径》，中信出版社2022年版。

[2]黄益平、黄卓：《中国的数字金融发展：现在与未来》，《经济学》（季刊）2018年第4期，第1489—1502页。

[3]江红莉、蒋鹏程：《数字金融能提升企业全要素生产率吗？——来自中国上市公司的经验证据》，《上海财经大学学报》2021年第3期，第3—18页。

[4]丁娜、金婧、田轩：《金融科技与分析师市场》，《经济研究》2020年第9期，第74—89页。

[5]郭峰、熊云军：《中国数字普惠金融的测度及其影响研究：一个文献综述》，《金融评论》2021年第6期，第12—23页。

[6]陈胜利、游婷麟、宋继伟：《数字金融对中国区域经济韧性的影响机制研究》，《系统科学与数学》2024年第1期，第1—31页。

[7]姜晓芳、蔡维德：《下一代互联网Web 3.0与中国数字经济发展路线研究》，《中国工业和信息化》2022年第10期，第7—11页。

[8]温忠麟、张雷、侯杰泰等：《中介效应检验程序及其应用》，《心理学报》2004年第5期，第614—620页。

[9]张宇、李静：《数字金融支持江西高质量发展研究》，《九江学院学报（社会科学版）》2023年第1期，第123—128页。

[10] Allen, Franklin, Gale, Douglas, *Financial Innovation and Risk Sharing*, Cambridge, Cambridge University Press, 1994.

[11] Gompers, Paul, Lerner, Josh, "The Venture Capital Revolution", *Journal of Economic Perspectives*, vol. 2(1), 2001, pp145–168.

[12] Schweitzer, Stuart, *Pharmaceutical Economics and Policy,* New York, Oxford University Press, 2006.

[13] Laeven L, Levine R, Michalopoulos S., "Financial innovation and

endogenous growth", *Journal of Financial Intermediation*, vol. 24(1), 2015, 1–24.

[14] Neff G., "The changing place of cultural production: The location of social networks in a digital media industry", *The Annals of the American Academy of Political and Social Science*, vol.597(1), 2005, pp134–152.

[15] Yueh，L., "The future of digital finance", *Journal of Financial Transformations*, vol.43,2016, pp71–79.

[16] Zhang, Y. "The effect of digital finance on open economy ", *Finance and Trade Research*, vol.16(5), 2017, pp52–61.

第四章

[1] Fama Eugene F., "Market efficiency, long–term returns, and behavioral finance", *CRSP Working Paper*, Graduate School of Business, University of Chicago, 1997.

[2] Fama Eugene F., "Efficient capital market: a review of theory and empirical work", *Journal of Finance*, vol.25(2), 1970, pp383–417.

[3]［美］贝努瓦·B. 曼德尔布罗特、理查德·L. 赫德森：《市场的（错误）行为：风险、破产与收益的分形观点》，张新、张增伟译，中国人民大学出版社2017年版。

[4] 宋军、吴冲锋：《从有效市场假设到行为金融理论》，《世界经济》2001年第10期，第74—80页。

[5] 喻自觉等：《偏好反转现象及其理论解释》，《统计与决策》2007年第20期，第60页。

第五章

[1]［美］贝努瓦·B.曼德尔布罗特、理查德·L.赫德森：《市场的

（错误）行为：风险、破产与收益的分形观点》，张新、张增伟译，中国人民大学出版社2017年版。

[2]〔美〕罗杰·洛温斯坦：《拯救华尔街：长期资本管理公司的崛起与陨落》，孟立慧译，广东经济出版社2009年版。

[3]〔美〕赫什·舍夫林：《超越恐惧和贪婪：行为金融与投资心理学》，贺学会、王磊、朱伟骅译，上海财经大学出版社2017年版。

[4]〔法〕古斯塔夫·勒庞：《乌合之众：大众心理研究》，陈剑译，译林出版社2018年版。

[5]〔美〕塔勒布：《黑天鹅：如何应对不可预知的未来》，万丹、刘宁译，中信出版社2009年版。

[6] 石善冲、齐安甜：《行为金融学与证券投资博弈》，清华大学出版社2006年版。

[6] Shefrin, Hersh, *Beyond Greed and Fear: Understanding Behavioral Finance and the Psychology of Investing*, Boston, Mass., Harvard Business School Press, 2000.

[7] Shefrin, H., & Meir Statman, "Behavioral portfolio theory", *Journal of Finance and Quantitative Analysis*, vol.35, 2000, pp127–151.

[8] Shefrin, H. & Meir Statman, "Stock market driven acquisitions", *Journal of Finance Economics*, vol.70, 2003, pp295–312.

[9] Kahneman, Daniel & Amos Tversky, "On the Psychology of Predictions", *Psychological Review*, vol.80(4), 1973, pp237–251.

[10] Kahneman, D. & A. Tversky, "Prospect Theory: An Analysis of Decision under Risk", *Econometrica*, vol. 47(2), 1979, pp263–291.

[11] Kahneman, D. & Tversky A., "The psychology of preferences",

Scientific American, vol.246，1982, pp136–142.

[12] Kahneman, D., Knetsch，J.L. & Thaler，R.H., "Experimental tests of the endowment effect and the Coase theorem"，*Journal of Political Economy*, vol. 98, 1990, pp1325–1348.

[13]［英］约翰·梅纳德·凯恩斯：《就业、利息和货币通论（重译本）》，高鸿业译，商务印书馆2021年版。

第六章

[1] Tversky, A. & Kahneman, D., "Belief in the law of small numbers"，*Psychological Bulletin*, vol.76, 1971, pp105–110.

[2] Tversky, A.& Kahneman, D., "Judgment under uncertainty: Heuristics and biases"，*Science*, vol. 185, 1974, pp1124–1130.

[3] Tversky, A. & Kahneman, D., "The framing of decisions and the psychology of choice"，*Science*, vol. 211, 1981, pp453–458.

[4] Tversky, A. & Kahneman, D., "Advance in prospect theory: Cumulative representation under uncertainty"，*Journal of Risk and Uncertainty*, vol.5,1992, pp297–323.

[5] Shiller, R.J., "From efficient markets theory to behavioral finance"，*Journal of Economic Perspectives*, vol.17(1), 2003, pp83–104.

[6] Lakonishok, J., Shleifer A. & Vishny R., "The Impact of Trading on Stock Price"，*Journal of Financial Economics*, vol.32, 1992, pp23–44.

[7] Benos,Alexandros V., "Aggressiveness and survival of overconfident traders"，*Journal of Financial Markets*, vol.1, 2002, pp353–383.

[8]［美］赫什·舍夫林：《超越恐惧和贪婪：行为金融与投资心理学》，贺学会、王磊、朱伟骅译，上海财经大学出版社2017年版。

[9] 饶育蕾、张轮：《行为金融学》，复旦大学出版社2005年版。

[10] Shiller, R.J., *Irrational Exuberance*, Princeton, Princeton University Press, 2000.

[11]［英］约翰·梅纳德·凯恩斯：《就业、利息和货币通论（重译本）》，高鸿业译，商务印书馆2021年版。

[12]［以］埃亚尔·温特：《狡猾的情感：为何愤怒、嫉妒、偏见让我们的决策更理性》，王晓鹂译，中信出版社2016年版。

第七章

[1]［美］克莱顿·克里斯坦森：《创新者的窘境》，中信出版社2010年版。

[2] 解鑫：《如何进一步完善金融支持科技创新体系》，《学习时报》2023年6月12日，第7版。